隐蔽战线春秋书系 | **回忆录卷**

# 往事与情怀

## 李云回忆录

李云◎著

中共党史出版社

**图书在版编目（CIP）数据**

往事与情怀：李云回忆录 / 李云著 . -- 北京：中共党史出版社，2020.1（2025.4 重印）
（隐蔽战线春秋书系 . 回忆录卷）
ISBN 978-7-5098-5438-9

Ⅰ . ①往… Ⅱ . ①李… Ⅲ . ①李云—回忆录 Ⅳ . ① K827=7

中国版本图书馆 CIP 数据核字 (2019) 第 270900 号

书　　名：往事与情怀——李云回忆录
作　　者：李云

出版发行：中共党史出版社
责任编辑：吴江
责任校对：申宁
责任印制：段文超
社　　址：北京市海淀区芙蓉里南街 6 号院 1 号楼　邮编：100080
网　　址：www.dscbs.com
经　　销：新华书店
印　　刷：北京盛通印刷股份有限公司
开　　本：720mm × 1000mm　1/16
字　　数：121 千字
印　　张：8.25
版　　次：2020 年 1 月第 1 版
印　　次：2025 年 4 月第 4 次印刷
书　　号：ISBN　978-7-5098-5438-9
定　　价：23.00 元

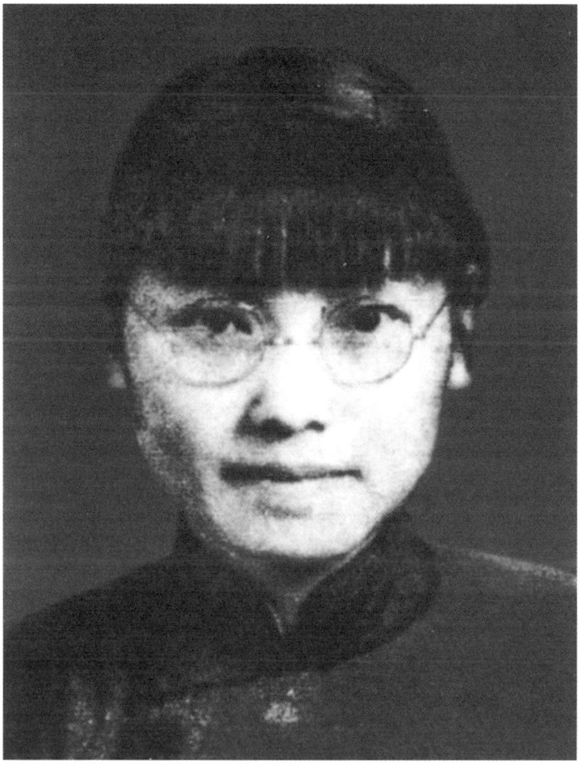

李云（1915—2013）

# ‖序‖

罗青长

在中国共产党早期革命斗争中，中央特科曾经发挥了独特而重要的作用，开辟了我党隐蔽战线的光辉历程。

特科是保卫党中央的秘密机构。同时，作为党中央的耳目，它又在情报工作中建立了特殊功勋。周恩来、陈云、陈赓、李克农等一批革命先驱是这条战线上卓越的领导人和代表人物，更有一大批对党无限忠诚的战士，默默无闻地在白色恐怖下坚持地下斗争，为党作出了重要贡献。不少同志在对敌斗争中英勇牺牲，这是值得我们永远纪念的。

今天，曾经参加中央特科工作在世的老同志已经不多了。据我所知，上世纪三十年代初期曾经在中央特科战斗过、如今硕果仅存、依然健在的，在上海唯有李云同志一人而已。近年来，她把回忆特科工作的文章结集出版，我阅读之后感到十分欣慰，更觉得是一份既具有我党史学研究价值，却又十分难得的关于中央特科工作的珍贵资料和革命传统教材。

李云同志在小学高年级读书时，受到从事地下工作的共产党员、进步老师的思想影响，于1929年参加少共青年团(C.Y)，1930年转为中共党员。尽管她小小年纪，还是一个窈窕少女，就开始从事女工工作，组织女工们参加识字班，投身罢工运动。1932年初调到特科工作，在徐强同志单线领导下，担任过报务员、交通员。1936年，李云同志受命担任党组织与宋庆龄之间的联络员，以钱秘书身份进出宋庆龄寓所。1937 年 12 月，宋庆龄接受中共中央建议，自上海赴香港。李云受党组织委派，暗中予以护送。

解放以后，应宋庆龄之邀，经党组织批准，李云同志担任宋庆龄创办的中国福利会第一任秘书长、党组书记。从三十年代与宋庆龄初次相识相处，到新中国成立后长期在宋庆龄领导下工作，她们之间不仅存在着工作上的密切关系，而且洋溢着亲密友好的革命情谊，特别是宋庆龄对李云同志子女的关切爱护，体现了宋庆龄母亲般的博大情怀。李云同志的回忆文章，史料翔实，情感充沛，真切可信，是难得的革命教材。不仅可供史学工作者研究，而且也值得当今的青年一读。

回顾历史，展望未来，让我们在改革开放新的历史时期，以革命前辈对党无限忠诚和大无畏的奋斗精神，在建设中国特色的社会主义道路上开拓创新，勇往直前。中华人民共和国将永远不会忘怀她的创造者和保卫者。

（作者曾任周恩来总理办公室副主任、中共中央调查部部长）

# 目录

# 一、入党初期杂忆

# 参加 C.Y 到入党

我的祖籍在浙江海宁，祖辈是书香世家，但到曾祖父时，家道中落。太平天国时期逃荒到上海，祖父是教书匠，只能在上海城隍庙摆摊卖字。因生活困难，祖父要我父亲去苏州，找同族人祝又松想办法。俗话说“救急难救穷”，他们又介绍我父亲到衣庄里当学徒，后来当了店员，不久认识了我母亲，就结了婚。

母亲当时是女工，夏天缝扇子，冬天做瓜皮帽。我出生在苏州，本名叫祝修贞。

我两岁时，全家到了上海。母亲经荐头店介绍到一户人家当了几个月的奶妈。父亲找到衣庄的工作，卖衣服，勉强糊口。

家里虽然穷，但传统是念书。我的父亲也十年寒窗，写得一手好字，称“雨夹雪”（行书草书间杂）。当时我家住在铁马路（现河南路七浦路）小菜场附近。八岁时，在老师帮助下我免费在绍兴七县同乡会第一小学读书。有意思的是，这所学校的所有老师，从教英文的骆京轩校长，到教美术的张老师等都是共产党员，只有一个教国文的孙老师不是。后来听陈云告诉我，你们那个学校是党组织的一个避难所，风头紧了，党员就被派到那个学校里当老师，风头过了，就离开。1929 年 4 月，我在小学六年级时，由教数学的宣老师介绍我加入 C.Y（共产主义青年团），并被同学们选为学生会主席，从此走上革命的道路。1930 年 5 月，因学校师生参加了反对丧权辱国的廿一条的国耻日活动，在街上张贴反帝标语等，骆校长被公共租界汇思捕房抓走。我在老师的领导下，组织同学罢课，并带领学校高年级同学包围汇思捕房和浙江路地方法院，散发“反对捕房摧残教育”等内容的传单，要求立即释放骆校长。这次罢课斗争，得到了当时的“上海反帝大同盟”“自由大同盟”等团体和许多大专学校的慰问和支持，使捕房手忙脚乱，未经审讯，便把骆校长送进提篮桥监狱，最后判了六个月徒刑。斗争虽未取得预期结果，但震动了上海，影响很大。

我小学毕业后，考进了旦华中学，只去上了几天课，就由团组织调到闸北丝厂总同盟（工会）做青工工作，由全总工会的负责人王克全领导。我们经常到天通庵路棚户区与女工结拜姐妹、办识字班。我那时年纪还少，但工作很多，送信是最主要的一项。大都是保密的，放在我身上送出去。那时租界有“抄靶子”的，就是搜身。我就往边上走，小姑娘不引人注意。“立三路线”时，“飞行集会”很多，我参加过两次，一次在南京路浙江路口，还有一次在长寿路大自鸣钟集合，我把传单绑在腰上，到地点发给战友，再由他们散发出去。

1930 年 8 月，我和“老舅妈”参加了党训班，不久，王克全找我谈话，批准我转为中国共产党党员。

该年九十月间，虹口区吴家木桥的丝厂工人自发性罢工。他们的劳动强度非常大。早上 5 点上工，下午 5 点放工，前后 12 个小时，中间吃饭不过半小时，每月四角钱工资，实在太苦了。拿摩温很厉害。

自发的罢工，挑选的时间不妥当（新丝上市时罢工最合适），他们包围了还在开工的小烟囱丝厂。面对这种情况，当时江苏省妇委金维映、全总女工部长张金宝、丝厂总工会负责人朱秀英认为工人自发罢工已经起来，不能打击工人的积极性，当即派我（当时化名王阿凤）和女工积极分子“大阿姐”、团员戴小红，还有招娣参与进去做工作，防止双方工人产生矛盾。没想到老板报警，点名把我们几个抓进警察署，坐在一条板凳上。张金宝买了大饼油条，送来给我们吃。

20世纪30年代初期的李云

傍晚来了一辆车，把我们抓到闸北区警察署第三分局。牢房是用很粗的木头隔离的。晚上给我们吃黄糙米饭，很硬。“大阿姐”还带了一个小孩子。我身上正好有两块银元，给“大阿姐”，托女监头出去买些菜汤给小孩吃。女监头很愿意去，顺便好揩油。晚上很冷，女监头又拿来两条被子，我们两人合盖一条。

进去后，一直无人理睬，六七天后才来提审。一看我们很年轻，审讯官问："把这些小姑娘抓来干什么？"又问我们的姓名、年龄、做了什么？我们说，我们是去看热闹的，"大阿姐"说她是带孩子路过的。审讯官相信了我们的话，那就让家长来保吧，还关照我们以后"少去看野眼""少轧闹猛"。当时戴小红写了家庭住址，是她的父亲把我们保出去的。我们一算，前后关了8天，出来后阿金表扬我"很勇敢"，因为关进去后，三个小姑娘中，只有我没哭。那时我们只有十五六岁。

# 听取六届四中全会的传达

1931年1月，在共产国际代表米夫主持下召开了中国共产党六届四中全会。中共闸北区委妇女委员会、也是丝厂总工会负责人的朱秀英通知我：区委召开党员大会，传达六届四中全会精神。

那天晚上朱秀英带我一同前往，两人在小摊上吃了点稀饭、大饼，乘12路电车，从天通庵路上车，到四川路桥旁的邮政总局下车，穿过马路走进天潼路的第一条大弄堂里，再转到一条横弄堂中，那时天已黑，又是跟着她走，看得不是很清楚，年代久远也记不太清楚了。

我俩从后门走进一户人家，门口有一个女同志站岗，她向朱秀英点点头。我们走进客堂，我一看，前面靠天井处是一排玻璃窗门。室内有两张八仙桌，放了不少方凳子。我们随即坐在第一排的凳子上，背靠八仙桌。

人们陆续来了，各自找地方坐下，最后区委书记王凤飞陪着一位中年男子和一个女的进来，坐在靠墙的方凳上。朱秀英悄悄告诉我，这男子就是王明，中等个子。女的是其妻子孟庆树，她剪个童花头。

王凤飞书记站起来宣布开会，首先介绍了刚成为中共中央负责人的王明。王明传达六届四中全会精神和他写的《更加布尔什维克化》①，批评李立三形“左”实右，是以“左”的面目掩盖右的实质，是反革命行为。这时突然有人提出来，要求王凤飞谈谈开会情况，哪些人参加了会议，怎么搞出这样的决议。

在这样群情激奋的情况下，王凤飞只得站起来介绍了会议情况：这次六届四中全会是在第三国际代表、东方部部长米夫亲自领导下召开的，会议开了一天，大约十四五个小时，应出席的中央委员没有全部到会，不是中央委员的列席参加了，这是米夫批准的，还给予选举权与被选举权。决议是米夫准备好的，在大会上通过。

王凤飞刚讲完，好多人争先恐后发言，表示不理解，纷纷反对六届四

① 后来正式发表时更名为《为中共更加布尔什维克化而斗争》。

中全会精神，认为比立三路线更“左”，几乎都要吵起来了。最后，王凤飞书记让拥护六届四中全会精神的同志举手，我记得几乎没有人举手，只有我这个新党员，认为应下级服从上级、全党服从中央所以举手拥护。朱秀英为此批评了我。六届四中全会以后，变化很大，朱秀英因反对六届四中全会不干了，到ABC内衣公司做工。两天后她到家里找我，让我去内衣公司织布车间干活，我没同意，仍在丝厂工作。其余很多人参加了罗章龙成立的“中央非常委员会”。

几天后，我到中共闸北区委妇女委员会机关，朱秀英等人都不在了，只有沈葆英（恽代英夫人）在，要我带她到丝厂女工集中的棚户区，介绍女工给她认识，后来又让我带一个姓胡的女同志到丝厂去，事后才知道她是团区委伍仲文的弟媳，两三个月后她回广东去了。

# 投身工人运动

七八月间，我被调往中共浦东区委，做南洋烟草厂的青工工作，住在一个叫阿宝的工人家里。烟厂的锡包车间不易进去，就在大盒子车间做工，当时烟厂生产“大联珠”“小联珠”等牌子的香烟。工人下班要搜身，怕工人偷厂里的东西。“一·二八”日本进攻上海后不久的一天，南洋烟草公司的一位女工的围裙口袋中搜出几张香烟牌子，拿摩温就要收她的工牌（即开除），大伙闹起来，反对烟厂随便开除工人，锡包车间闹得更厉害，还扔东西。工头让工人们不要闹，工人们聚集在广场上，要厂方收回这一决定。这时烟厂领导人谎称日本飞机来了，欺骗工人马上散去。之后，工人们聚集在青年会小学，在学校党支部领导下，大家讨论出几个条件，并起草了书面的文件。厂方利用当时快过年了，干脆就停产关门，结果，人都跑掉了，找也找不到，工人也没有办法，罢工斗争即不了了之。许多工人都跑到华成烟草公司去了。

九一八事变发生后不久，在南市公共体育场召开全市学生大会，暨南大学、持志大学、中国公学等代表纷纷上台发言，反对“不抵抗”主义，坚决反对日本帝国主义对中国的侵略。爱群小学校长老蔡找我，要我做代表在大会上发言，反对政府的“不抵抗”主义。会后举行了声势浩大的游行示威，游行队伍经过大世界、爱多亚路（现延安东路）、外滩，向虹口方向前进，许多学生拉起横幅“打倒日本帝国主义，反对不抵抗主义”，沿途高喊口号，散发传单，最后被租界的巡捕驱散。

自参加革命开始，我用过许多化名，都是根据工作需要变化的。去延安时，我改名为“李秋云”，后来去掉“秋”字，就成了现在的“李云”，本名很少有人知道了。

# 二、特科工作纪实

# 北上开封走虎穴

1932 年春节，当时我在中共上海浦东区委担任青工工作。突然接到江苏省委通知，要我配合闸北区委领导徐强，前往河南开封开展工作。具体工作说要到目的地时再详细告诉我。

不久，我们到了河南开封。同时调去的还有李文德、老傅、陈家兴、老王、徐振甲等，都由徐强领导。这是陈云同志批准的。

我们在那里的工作对象叫惠东升，他是江苏宜兴人，从日本士官学校毕业后，曾任黄埔军校第一期教官。据说北伐攻打惠州时，救过蒋介石的命，有点功劳，且为人耿直，对国民党的腐败现状深表不满，牢骚较多，所以不为上司喜欢，升迁较慢，当时只是国民党八十师李思朔部的少将副旅长兼该师学兵营的营长。由于他在黄埔军校的经历，学生很多，交游较广，在国民党的军队中有影响。1931 年秋冬之交，他到上海看望老朋友冯三昧，谈了他内心的苦闷，说他看不惯贪官污吏和他们的横行霸道。徐强了解到这个情况后，通过一直同情革命的冯三昧去做他的工作。据说足足谈了三个晚上，把他说通了，使他从不满国民党转为同情支持共产党。他要求我党派人到他部队的基层工作，条件成熟时，把部队拉出来，投奔革命。

当时负责上海特科工作的陈云[①]听了汇报，先派徐强去河南实地考察一下。徐强和冯三昧也有较深的渊源。徐强回来向陈云汇报了情况，他当即决定派人前去开展军事情报和兵运工作。

到开封时，我作为惠东升的“侄女”，住进坐落在开封保定巷 1 号的惠公馆，徐强则作为惠妻朱绮云的“表哥”也住到公馆里。其他几位同志，由惠东升将他们安排到许昌学兵营。李文德任学兵营的文书，陈家兴和徐振甲做总务工作，老傅被派到惠的老朋友梅治超的游击队司令部任文书，老王未担任具体工作，临时住在旅馆里，领导学兵营工作的几位同志。

---

① 1931 年 4 月中央特科顾顺章叛变，6 月向忠发被捕叛变，周恩来被迫停止工作，特科由陈云等同志负责。

惠东升的公馆，是一座四合院，颇有点文人气息，客堂正中挂着一幅山水画，两旁还有一幅对联："三尺青萍千里马，两行红粉一妆书。"据惠东升说，这里指英雄与美人。惠的夫人朱绮云是浙江义乌人，年轻美貌，外表文静。

我的任务在上海已经定好，专任密写情报，我用米汤水密写后，由人送到上海。在徐强的影响下，惠东升由不满国民党转变为同情支持共产党。半年时间，惠东升提供了为数不少的情报，有许多所谓"剿匪"的消息，还有国民党内部派系的争斗与地方头头之间的矛盾等。最主要的是他获取了国民党第四次"围剿"中央红军的计划。听说是他去探望国民党政学系头子、蒋介石侍从室的杨永泰，通过杨的秘书（此人是惠的学生）弄到的。徐强拿到这份计划后，喜出望外，急忙交给我。我连夜用药水抄在一本线装的古籍书背后，连同国民党八十师师部密码，再将河南全省的军用地图放在一条棉被絮里，打成行李。当时天气还有些冷，这样可以不引人注意。后来听说这些密件，徐强交给老傅急送上海党组织。我们以后回到上海时，中央特派李竹声（听说是中共中央秘书长）对徐强口头给予表扬。

大约七八月份，惠东升出人意外地被调到国民党二十军张钫部队的驻地潢川，当时徐强对此怀疑，而惠东升却因他与当时河南省主席、绥靖公署主任、地方部队的首脑刘峙关系比较好，而有恃无恐，认为没有问题。惠很快准备好一切，把四岁的儿子和奶妈（惠妻的嫂嫂）放在老朋友军需官朱升谦的家里，还留下一位姓朱的勤务员（惠妻的亲戚）以照顾孩子。他自己带了妻子、徐强和我一起去了潢川，临时住在潢川一家旅馆里。第二天上午惠东升被请到光山张钫司令部去，一直到下午四五点钟不见回来。徐强不放心，怕出问题，请惠夫人打电话到司令部。惠东升接电话时告诉她，他有事在司令部，请不要挂念。并嘱咐她，一定不要让"表哥"走了。徐强听了惠妻讲的电话内容，马上警觉起来，认为可能出了问题。旅馆不能再住下去，得马上转移。惠妻说此处有一位张钫的侄子，是惠东升的好朋友，地址警卫员包克忠认识。于是由包克忠带我们去张家。张钫的侄子听了情况，慌忙商量办法，他建议马上换服装，明天天亮由潢川北门出城。因为当时商城红军撤退，很多回乡团和一些老百姓要回商城。我们可以乘天蒙蒙亮混在老百姓中，一起向北城出走。事情非常凑巧，张钫侄子的家眷，都回娘家去了，家中没有什么人，他要我们在厨房里随便吃一些馒头后，拿出妻子的衣服让惠妻和我换上。

天微明，我们正准备动身，惠妻突然想起，身无分文，就叫警卫员包克忠回旅馆取钱，约定在北门外碰头。我们三人向城门走去，这时路上已有不少男男女女老老少少，拿着大包小包涌向北城门，我们混在他们里面一起顺利出了城。大约走了有三里光景，太阳出来了，只听后面有人在叫“太太”，回头一看，包克忠带了一个身穿军装的年轻人，包克忠说：这位中尉，要太太去司令部。惠妻很不高兴，打了包克忠一个耳光，一言不发地就跟着走了。包克忠等他们回转身时，就把手中的30块大洋交给了徐强后，跟着走了。

这时，情况发生变化，徐强认为去商城这条路线已经暴露，必须另走一条路。我们找到一位老乡，请他带我们沿着潢川城外直奔张钫司令部所在地光山，这是敌人决不会想到的。我们花了10块大洋跟着这位农民沿着潢川城外走向光山，大约下午四五点钟到达。俟带路的农民走后，我们继续慢慢地向前走。傍晚时，找到一家小客栈，住了下来。半夜有军人来查夜，徐强告诉他们因为妻子发病，要带她就医，查夜的看了一下，也就走了。天亮后，我们再经光山走向信阳火车站，走了一天，才到达车站。准备购买赴开封的火车票，但好像还差一块钱，原想把身上的一支钢笔折成一块钱。当我将二十块钱交给售票员时，却不料她除给我两张火车票外，还找给我一块多钱，后来我才知道夜车要比白天的便宜一些。

当晚我们坐上火车，第二天到达开封，当时我们因情况不明，不敢随便乱走，就在一间空屋里暂时休息。这是一间老百姓在这里磨麦子、小米、高粱的地方。歇了一会儿，徐强要我去朱升谦家了解一下情况。朱升谦是浙江人，此人思想进步，是惠东升的好朋友。惠的儿子由惠妻嫂嫂带着，和勤务兵朱某都在朱家。不料，我刚走到朱家门口，碰上了勤务兵朱某，他见到我时，很惊讶地说：“你怎么来了？”他告诉我：“原来在惠公馆巷口的黄包车夫都被派出去到处找你们，你赶快走吧。”并说：“明天上午十时左右你再来，我给你一些衣服和钱。”说罢，他转身进了屋里。

我见状赶快离开，回到磨坊时，见屋内空无一人。老徐为了预防万一，离开了那间磨房，在斜对面蹲着，好像在休息。他看到我时，见后面没有人跟踪，装作偶而遇到我似的，走了过来。我们走到一个墙角落里说了朱家的情况后，便一前一后地走了一段路，在一个小摊上吃了一碗苞米粥和一只烧饼，吃完走到一个人少而静的地方，商量怎么办？为防止出意外，决定明天不再去朱家。

傍晚时，徐强带我去找惠东升的朋友王子清，他是河南省绥靖公署的高级谘议，平日同情我们。估计惠的事情他也知道，而且他不会出卖我们，准备去他那里，借钱回上海。加上他的住处，又在刘峙的绥靖公署对面，不会引人注意，反而好。就这样，大约在下午五六点钟光景，天快黑而又未黑时，去了他家。敲门进去，徐强自报姓名，并说明是惠东升的朋友，要求见王子清先生。不一会儿出来一位年青人，自称是王子清的弟弟，他说："家兄不在家，有什么事情尽管对我说好了，我会帮助办理的。"徐强提出借钱回上海的路费，同时提出借宿一夜，他都答应了，并带我们到厨房里去用餐。厨房很大，桌子饭茶都准备好了，我们用过餐后，正在休息，王子清的弟弟拿来了两张赴上海的火车票，是明天清晨的，另外又拿出二十块钱给我们，并在厨房旁边一间房间，临时搭了一张床，让我们赶快休息，明晨设法送我们走。其实两天来确实很累，但我们一直惦念着其他同志的安危，心神极不安定，吃也吃不下，睡也睡不着，恨不得一步能飞到上海，向组织汇报。

第二天一早，我们用完早餐后，外面下着大雨，想不到昨天天气晴朗，充满阳光，今天竟下着倾盆大雨，对我们来说，还是很有利的。王子清的弟弟叫了两辆黄包车，预付了车钱。因为雨大，上了车后，车夫用油布将车子围起来，一直送到车站。由于下雨，行人中许多人拿伞，有人把油布披在身上，手里拿着大小包袱。我们跟随着人群一起上了火车，我们按照原来商量好的，彼此分开坐，装成不认识，如果发生问题，那么只逮捕一个人，另一人可以回上海向组织汇报。

火车沿着陇海铁路，到了徐州转车。我们坐上京沪线的火车时，徐强才同我讲话。到达上海后，我回到家中，徐强与组织联系。

徐强写信到联络点，很快接上关系。党中央派秘书长李竹声与徐强会面，

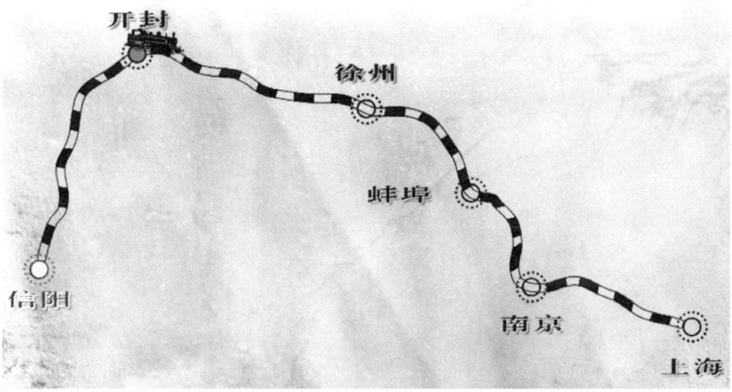


从开封回到上海火车示意图

他代表党中央除对获取的第四次“围剿”红军的计划等重要情报加以口头表扬外，并告诉徐强，惠东升出事后，梅治超怕出事，请老傅到司令部，送了他数十块大洋，要他赶快离开。所以老傅比我们早到上海。在许昌学兵营工作的李文德和陈家兴因为生活不习惯，在学兵营工作不久已回到上海。至于学兵营工作的徐振甲和老王情况不明。

几个月后，朱升谦来到上海，见了冯三昧，因为是朋友，他把河南发生的情况一一向冯谈了。原来河南省的党组织派人在许昌学兵营开展工作时，有一人叛变，向国民党告密，因此学兵营中的中共地方组织全部被破坏，牵连到惠东升这个营长，认为他勾结共产党，惠东升连同徐振甲和老王一齐被捕。徐振甲和老王被活埋。刘峙与惠东升关系好，一直想救他，但由于国民党军政部长何应钦的电示：“就地枪决”，刘没有办法。行刑前，先请医生给惠打了一针，然后枪毙，以减少痛苦。惠妻已怀孕，释放回家，不久生一子后，回到浙江老家。又谈及惠妻在潢川北门外被叫回光山司令部，当他们得知老徐等二人向商城方向走的，立即派出马队追赶，因我们改走了另外一条路，他们当然一无所获。

我在河南的军事情报工作中担任机要的时间不长，但印象十分深刻，几十年过去了，仍记忆犹新。

# 继续在上海从事情报工作

一同出生入死的经历，让我和徐强有了深入的了解和信任。徐强 1901 年生于浙江武义，1927 年在家乡加入共产党，与同为党员的堂兄弟徐振甲、徐汉光共同参与组织了武义武装暴动，暴动失败后，兄弟三人为躲避追捕，去往上海参加地下工作。

回到上海后，组织上安排我们假扮成夫妻，继续从事情报工作。这时候，中共中央机关已经转到了江西瑞金，上海特科的工作职能转为以统战和情报工作为主。

平时徐强化名老金，负责联络各条战线，收集情报，我主要是抄写和传递情报。常用的方法是用米汤水把情报写在线装书的背面，一干就看不出来了，看的时候用碘酒一涂，字又显现了。还有就是把情报写在很小的纸条上，卷起来塞到香烟的烟丝里面。要抄写的材料很多，字又小，本来我眼睛是不近视的，那段时间就变成了近视了。当时经费很紧张，我们处处都得俭省。早晨出去前吃个大饼，一碗稀饭，就是一天，到晚上才能再吃一顿饭。多远的路基本上都是靠两条腿走。

我如果出去了，就在窗边做个记号，回来了也要做个记号，便于徐强进出了解情况。我俩很警惕，约定没见到记号，不要轻易进去。因为我们做事很谨慎周密，始终都没有暴露。当时纪律很严格，徐强做什么事情我是不知道的，他也不告诉我。多少年后我才知道，那时候徐强掌握重要的情报资源，包括两名身份特殊的日本中共党员，一个是西里龙夫，他是日本驻华派遣军的报道部长、汪精卫那边通讯社的顾问。另一个是中西功，是在当时日本在华最大的情报组织满铁工作的。这两个关系最大的贡献是对日本偷袭珍珠港的准确预警，以及日军到底是北上还是南下的战略判断。战后西里龙夫和我们一直有书信往来，直到他们去世。60 年代，他们两人的后人还到过上海，我们接待过他们。

那段日子，我和徐强感情逐渐加深，经过组织批准，正式结婚，变成了真夫妻。

李云和徐强

# 寻找毛岸英兄弟

2002 年 3 月，刘思齐（毛岸英夫人）通过北京的有关领导来上海找我，她是专程来沪了解毛岸英在上世纪 30 年代情况的。虽然我和她是第一次见面，素昧平生，却感到非常亲切。因为她的来访使我回忆起中共中央“特科”时的一段经历。这些尘封了几十年的往事，在我心中掩藏了 67 年，只字未吐。

我把一些往事记录下来，并非炫耀自己的经历，只是最近看到一些有关此事的说法，不太确切。作为知情者和见证人，应该出来澄清一些模糊环节，还历史本来面目。更重要的是，当年在白色恐怖下并肩战斗的战友大多去世了。在上海，我已是“特科”仅存的一个成员。回忆这段往事，也是为了缅怀那些默默无闻地在极其艰难条件下坚持地下工作的无名英雄。

1935 年秋天，中央红军经过长征已胜利到达陕北，但形势仍然严峻。上海地下党组织被笼罩在严重的白色恐怖之中，“特科”成员已大部撤离，留下我们少数未暴露的同志坚持战斗。当时的总负责人是邱吉夫，主管情报工作的是我丈夫徐强（对外称老金），他也是我的直接领导。一天，徐强突然严肃地通知我，要我想办法去找两个男孩，大的约十三四岁，小的只有十一二岁。至于孩子的身份，他只说是烈士的后代，从收养的人家跑掉了，估计已流落街头。徐强还告诉我，兄弟俩是形影不离，要我按照这个特征，规定我在老西门附近地区内仔细寻找。

“特科”的纪律是非常严格的，特别是情报工作，对上级的命令必须绝对服从，不能问也不许问。我接受任务后已经意识到，这两兄弟决不是一般的孩子，肯定有比较特殊的背景，而且，圈定我在老西门一带寻找，说明还布置了其他同志在不同的地区开始寻找了。

哪里是流浪儿多的地方呢？我首先想到的是八仙桥小菜场（今金陵中路西藏中路）一带，附近有好几家给人送饭的“包饭作”，常有剩饭剩菜施舍乞丐，每天中午流浪儿童便蜂拥而至抢饭吃。还有铁马路（现河南路七浦路）桥堍，聚集着众多流浪儿以帮助推黄包车或人力板车上桥挣几个铜板生活。为了不引起别人的疑惑，我总是保持一定距离在路边细细观察，往往一站就是半天。另外还三天两头在老西门一带的大街小巷兜来兜去，处处留意拾垃圾的小孩。前前后后半年多，我几乎走遍了上海的街头，但毫无收获。我怀疑孩子是不是被收容或绑走了，但徐强说已通过内线查遍上海的警察局和巡捕房，肯定孩子没被抓走，应该还在流浪。

到了1936年春末夏初时节，徐强告诉我，两个孩子找到了，已经送到安全的地方。并解开孩子真正的身份：毛泽东的儿子。至于谁找到的？在哪里找到的？又是怎样找到的？我虽然是他的妻子，他却始终没和我说，直到1988年徐强去世。

解放以后我才得知，1930年11月杨开慧牺牲后，留下毛岸英、毛岸青、毛岸龙三个孩子。湖南省党的地下组织为了孩子的安全，与上海党的地下组织联系，于1931年春由一位40岁左右的妇女将三个孩子护送到上海。经上海地下党组织安排，三个孩子进入大同幼稚园。大同幼稚园是中共历史上创办的第一所幼儿园。大革命失败后，一些革命烈士的遗孤流落街头；一些革命者去农村开辟根据地，子女在城市四处漂流。当时在上海主持中央地下工作的周恩来指派，由革命互济会（又称济难会和赤色互济会）出资，于1930年3月开办大同幼稚园，收留了30多个烈士遗孤和党的领导人子女。为了便于掩护，由董健吾牧师（当时是地下党员）出任园长。当时毛泽东正受到“左”倾路线排挤，而国民党又大肆宣传缉拿“朱毛”，毛泽东的脑袋悬赏二十五万大洋。因此这三个孩子来上海是绝对保密的，向董健吾介绍情况时只说是烈士遗孤，每月由组织上付30元生活费。不久岸龙因病夭折了，什么病，怎么死的详细情况都不清楚。

大约到了1932年春夏之交，由于白区的政治环境日益险恶，大同幼稚园被迫停办，园内孩子都陆续分散作了安置。岸英、岸青兄弟俩经组织再三考虑，认为暂时放在董健吾家比较安全。第一，他有牧师身份；第二，他家里当时已有两三个小孩，岸英他们放在他家不易引起他人注意。董健吾把两个孩子放在他外室家中，生活费由组织上支付。从入大同幼稚园开始，他们用的是“永福”“永寿”的名字。据说岸英兄弟俩很聪明，并守口如瓶，

1931年，大同幼稚园部分保育人员和幼儿合影。二排左一、右一、右二分别为毛泽东之子毛岸英、毛岸青、毛岸龙

从不讲自己的父母是谁，董家上下也都不知道他们是谁的孩子。但是随着岁月推移，由于经济条件以及女主人自己也有孩子等原因，他们未能善待毛家两兄弟，迫使孩子出走不归，开始了流浪生活。我就是在这样的情况下，接受党组织的任务，去寻找这两个孩子的。

近几年有人跳出来自称毛岸龙，这完全是子虚乌有。毛岸龙在大同幼稚园生病死亡，这是确实无疑的。

另外有种说法，认为寻找毛家兄弟是党中央的指示，据我所知，这也是不确切的。当时“特科”与中央联系靠的是唯一的一个电台，我是掌管发报机的机要员，从未收到过中央要求寻找孩子的电报。又有人说，是毛泽民来上海托潘汉年找孩子的，恐怕也与史实不符。因为这两人 1935 年时都在陕北。潘汉年是在 1936 年 8 月到达上海的，那时候孩子已经找到了。

比较可靠的情况是，毛岸英兄弟俩出走以后，董健吾随即报告

“特科”领导，当时只有极少数领导知道那是毛泽东的儿子，因此布置地下党员分地区仔细寻找。由于从事地下工作环境险恶，随时有被抓捕的危险，上下级和同志之间有着严格的保密制度。我虽然参与寻找工作，但从未见过他们。我只知道孩子找到以后，“特科”领导曾经想把他们送回董家寄养，但兄弟俩坚决不肯回去。

1936 年春，冯雪峰到了上海，接手上海情报组织的领导工作。冯雪峰联系了国民党爱国将领李杜将军，把孩子悄悄送到李家。李杜将军又想方设法把他们送往苏联。到莫斯科以后，他们被送到国际第二儿童院，各自起了苏联的名字。去苏联的这些情况是解放后孙夫人（宋庆龄）告诉我的。我推测，毛岸英、毛岸青能从上海秘密地去苏联，除了地下党组织和李杜将军外，孙夫人肯定参与谋划和安排的。由于宋庆龄同志一贯不喜张扬的品格，她为革命所做的工作是从来不会和别人提起的。

# 党中央派冯雪峰来沪的前前后后

1984 年，北京某杂志刊登了《第二次国共合作形成的过程》一文，我的老伴徐强 1927 年加入中国共产党，长期从事情报工作，他是了解经过的，深感文中内容不符合历史的真实情况，于是给杂志写了一封信。

××杂志社：

你刊第 45 期刊登的《第二次国共合作形成的过程》一文，其中关于董健吾去陕北的情况，与当时的事实有出入，实际经过情况如下：

1935 年 11 月间，中央特科领导人邱吉夫在上海的广东大埔同乡会被特务绑架，中央特科一时失去了领导人，也中断了与党中央的联系。1936 年 1 月间，徐汉光[①]、董健吾（即董牧师）约我去福建中路吴宫旅社商量如何恢复与中央的联系，商量后决定由徐汉光和董健吾同去陕北找党中央。为了安全起见，请宋庆龄同志设法通过孔祥熙搞了一张通行证，去陕北的旅费也是宋庆龄同志帮助解决的。当时宋庆龄同志没有交给董健吾信件要他交给毛泽东同志和周恩来同志。

徐汉光和董健吾找到了党中央，见到了周恩来同志。之后，中央决定派冯雪峰（改名为李永生）到上海。徐汉光因中央另有任务，推迟返沪。冯雪峰由董健吾陪同于 1936 年 4 月 20 日左右抵沪。此后一个时期，冯代表党中央在上海领导开展白区抗日统一战线和各界救国会工作。5 月份，组织上决定派李云同志与宋庆龄同志联系，冯到上海后也领导特科，他找我谈话；叫我负责特科工作。8 月份，潘汉年被派来上海，冯雪峰把我这部分工作移交给潘领导，我也向潘作了工作汇报。

以上情况供你们参考。

徐强

1984 年 11 月 16 日

① 徐汉光系徐强堂弟，原“特科”工作人员。1941 年潘汉年派其打入伪军。解放后受潘案牵连被逮捕，死于狱中。1984 年 12 月 4 日撤销原判，宣告无罪。

不久接到作者来信，表示对历史了解不深，也承认文章提到张子华与董健吾从上海一起去陕北有误。张子华与董健吾是在西安碰见的。可惜那篇文章仍被不少报刊转载，以讹传讹。

记得 1936 年秋，潘汉年同志从陕北来上海，带来了毛主席给宋庆龄等人的信。潘曾要我把这些信拍摄下来，可由于我的摄影技术太差，加上照相机又太“老爷”，拍摄后用显影药水洗出来，模糊看不清。最近我在《毛泽东书信选集》第 61 页中找到了毛主席那封信的内容，现抄录如下：

宋庆龄先生左右：

武汉分别，忽近十年。每从报端及外来同志口中得知先生革命救国的言论行动，引起我无限的敬爱。1927 年后，真能继续孙中山先生革命救国之精神的，只有先生与我们的同志们。目前停止内战联合抗日之呼声虽已普及全国，然而统帅大兵之蒋氏国民党中央迄今尚无彻底悔过之心。这种违反孙中山先生革命的三民主义与三大政策之行动，实为国民党大多数党员所不应容许而应立起纠正才是。因此，我想到要唤醒国民党中枢诸负责人员，觉悟于亡国可怕与民意之不可侮，迅速改变其错误政策，是尚有赖于先生利用国民党中委之资格作具体实际之活动。并派潘汉年同志前来面申具体组织统一战线之意见，并与先生商酌公开活动之办法，到时敬求接洽，予以指导。附上我们致国民党中央的信以作参考，同时请先生介绍与先生比较接近的诸国民党中枢人员，如吴稚晖、孔祥熙、宋子文、李石曾、蔡元培、孙科诸先生，与汉年同志一谈，不胜感幸。

顺问

近安

毛泽东

“九·一八”五周年纪念日

由此可见，所谓宋庆龄在第二次国共合作期间派董健吾送信至毛泽东和周恩来，完全是无中生有的。

1933 年 1 月，党中央转移到江西苏区，将中央保卫部门——“特科”

留在上海坚持工作。后来“特科”领导人是王世英，1935 年调离上海，由邱吉夫接替负责全面工作，同时掌管与党中央联系的秘密电台。我的丈夫徐强（化名老金）则是上海情报组织工作的负责人。

1935 年 8 月，徐强通过红帮钱安澜的关系，认识了法租界巡捕房督察长陈海涛。经过做争取工作，陈海涛答应担任我们的内线，凡是法租界巡捕房要逮捕共产党人和破坏共产党组织的消息，由他事先通知我们，我们给他一定的报酬。陈海涛为人谨慎，他只把情报送到钱安澜家中，不直接和我们联系。徐强则派交通老丁（即刘钊，解放后在上海市公安局工作，离休干部，已故），每天下午必去钱安澜家中亭子间等待，随时准备接收陈海涛送来的报告。这就是徐强开辟的“警报”工作。

同年 11 月 18 日下午五时半左右，陈海涛交给钱安澜一份紧急警报，内容是:“将在今晚 8 时行动，搜查捕人。”钱立即交给老丁。老丁拿到警报后，来不及向徐强汇报，马上送到设在黄陂南路的交通站（又叫周转站），交给在那里工作的孟非（解放后在四川运输公司工作，离休干部，当时改姓张）。两人打开狭长的密封的纸条一看，上面写着没有姓名的 18 个地址。情况非常严重，时间十分紧迫，孟非立即取出党组织存放在那里的、只有紧急时刻才能动用的几块银洋。因为没有手表，她带上一只小闹钟在手提包里，急急忙忙拦下一辆出租车分别去通知撤离。其中有一个人，当孟非按照地下党事先规定的暗语通知他：“你母亲生病住进了医院，你赶快去看她！”这个人一时反应不过来，竟无动于衷。孟非下了楼不放心，再返回去对他重复说了一遍（解放后孟非在北京碰到此人，才知道他叫金祖望，在国务院工作）。到了晚上八点钟了，孟非急急忙忙赶回交通站，对老丁说：“还有三个地方没来得及通知，怎么办？”这时，已在交通站躲在一边的吴竞（解放后在大连市统战部工作，离休干部）走了出来，原来按纪律规定，她是不能和老丁见面的，现在情况紧急，顾不了那么多了。她看了三个地址说：“一个是陈克寒（解放后曾任北京市委书记）的住处，另两个是施月琴和邱吉夫。”她知道他们的电话，马上奔出去打电话用暗语通知对方，前两人都通知到了，但邱吉夫的电话无人接，通知不到。这时孟非要他们两人赶快离开交通站，由她一人守候，因为约定晚上 8 时半到 9 时，邱吉夫要来了解情况的。

老丁离开交通站后，急忙赶到我们家，向徐强汇报上述情况。徐强听后当机立断，要老丁 9 时后去通知孟非，如邱吉夫未按时来会面，立即紧急转移。同时徐强通过钱安澜与陈海涛通电话，询问夜里有“病人”否，回答说：“没有。”事后陈海涛告诉钱安澜，那天是国民党华界警备司令部提出名单，要法捕房配合支持，结果全部扑空，一个也未抓到，为此十分恼火。

当天晚上，我们一直等到将近 11 点钟，未见邱吉夫在约定时间前来碰头。徐强要我立即作转移的准备，他当夜出去联系住处。

第二天上午，我们转移到西藏路杀牛公司对面的公大旅社。借住一间亭子间。旅社的老板已去世，老板娘同情共产党，住在这里比较安全。

我们到处打听邱吉夫的下落。后来得知，邱吉夫那天未接到通知，也未去交通站。而是第二天在广东大埔同乡会被国民党特务绑架了。

邱吉夫被敌人绑架，而电台又是他直接掌管的，使我们与中央的联系完全中断。各项工作被迫停滞，大家十分焦急，但一时又没有任何办法。上级被捕了、与中央的联系也中断了，徐强带着我们一些人坚持在上海奋战。

到了 12 月，邱吉夫的交通徐汉光在福州路吴宫旅社召集徐强和董健吾牧师（当时是中共地下党员）一起研究对策。三人商量结果决定由徐汉光、董健吾北上陕北，与中央接上关系。但如何成行呢？一无经费，二无通行证明。西安路途遥远，戒备森严，陕北更是被敌人层层封锁，真是困难重重！在这危急关头，大家很自然地想到孙夫人宋庆龄，只有请她帮助，才是唯一出路。

由于董健吾曾在互济会工作，为了营救地下党的恽代英，曾去找过宋庆龄，三人一致同意要董健吾把“特科”目前的处境和情况如实报告孙夫人，要求她给予帮助。结果宋庆龄欣然答应，只过了十几天她就把一切准备好了。路费是中国实业银行的钞票，具体数字我已记不清楚。到西安的通行证是国民党财政部的空白证件，姓名、人数由自己填写，这是宋庆龄通过孔祥熙办的。宋庆龄为人非常仔细周到，除了路费和通行证外，她还给董健吾一张自己的名片，告诉董健吾从西安到陕北若有困难，可持她的名片找张学良将军请求帮助，还说她与张少帅的夫人于凤至的关系很好，估计此事可以办成。宋庆龄没有任何信件托董健吾带给毛泽东和周恩来。

1936 年 1 月，董健吾以牧师身份带着随员徐汉光同行。到达西安后正如宋庆龄所预料的那样，根本无法去陕北。虽然董健吾在西安工作过，有一些朋友，竟没有一人能帮得上忙。最后不得不晋见张学良将军，请求他帮助送他们去陕北，宋庆龄的名片起了关键作用。

徐汉光、董健吾到达瓦窑堡时，毛主席、周恩来都在山西作战未回。根据董健吾后来讲，接待他们的是张闻天和林伯渠，由徐汉光汇报上海工作的情况后，即在瓦窑堡等候周恩来的指示。几天后，周恩来电示，派冯雪峰到上海，代表党中央加强统一战线工作和上海情报组织工作。冯可由董健吾陪同去上海；徐汉光暂留陕北，另有任务（后来获悉，徐汉光陪王稼祥到上海，王然后去苏联治伤）。

冯雪峰到达西安时进行改装，随董健吾于 1936 年 4 月到达上海。

冯雪峰到上海后，首先和徐强取得了联系。和徐强联系上，也就相当于和上海情报组织联系上了。在与中央失联的近半年时间里，以徐强为领导的上海情报组织，不仅坚持战斗，还与南方各地的地下组织一直保持联系。那时中央撤离上海之后，各地的地下党组织很多也找不到中央了，就纷纷到上海，找到徐强建立联系。我当时在这方面主要负责交通工作。等冯雪峰来上海后，中央很容易就和南方各地的党组织恢复联系了。后来看起来，徐强带着我们一些人的坚守在上海，还是很有意义的，相当于保留了种子。

冯雪峰向我们传达了瓦窑堡会议的精神。徐强向他汇报了工作，冯雪峰指示警报工作停止，集中力量搞情报工作，仍由徐强负责，并要我们从借住的公大旅社赶快迁移。他化名李永生，后来我就称他李先生。

冯雪峰接着就去探望鲁迅，他们是老朋友，见面后兴奋异常，彻夜长谈。次日，鲁迅就打电话给孙夫人，把冯雪峰介绍给她。

冯雪峰见了宋庆龄，首先代表党中央向她致谢，感谢她的帮助，使上海党组织与党中央中断了的关系得以迅速恢复。冯雪峰向宋庆龄通报了中央瓦窑堡会议有关统一战线的精神，宋庆龄听了非常高兴，她说很久没听到党的声音了。

不久我们搬迁到蒲石路许家弄 15 号。这是一间店面房子，我们住楼上。

20世纪30年代冯雪峰在上海

楼下是一家小五金店，兼配钥匙，起到很好掩护作用。冯雪峰给我一个任务，每天要送信给胡愈之，前后有个把月。解放后60年代，在北京遇到胡愈之，他还记得我这个送信人，他和夫人沈兹九邀请我去他家吃了一顿大闸蟹，愉快地回忆当年地下斗争的生活。

冯雪峰除了要我送信外，又分配我去管理电台。原来他到上海后就积极筹建电台，电台设在一幢洋房顶楼靠后面的一间屋子里，有独用的楼梯往后门进出。电台报务员老王是位小学教师，对无线电有些研究，也会收发电报。还有一位他的学生，帮助掩护环境。收发报机是老王自己装配的，连着好几天反复测试，按照冯雪峰提供的呼号，就是收不到对方回音。老王对机器再三进行检查，还是找不出原因。冯雪峰很着急，对我说："来上海将近二十天时间了，至今尚未与中央联系上，看来只有请孙夫人帮忙了。"不久，在孙夫人帮助下搞到一台功率大的收发报机，安置在一位外国朋友居住的一幢楼上，按照冯雪峰带来的呼号，很快与中央恢复了联系。我也结束了短暂的电台工作，转而负责保管中央发来的电报，每天清晨7时左右，接受一位女同志送来的信，也就是收到的电报，及时交给领导看阅。解放后我见到这位女同志，才知道她叫郑育之，后为市政府参事室离休干部。

我们与中央的联系畅通了，随时可以得到中央的指示，听到中央的声音，大家都非常感谢孙夫人对我们的帮助。冯雪峰当时就和我说过："孙夫人默默地为我党做了许多工作，但她从不愿显示自己。"

1936年5月，一次冯雪峰与宋庆龄会面时，宋庆龄向他正式提出要求，希望党派一位党员经常与她联系。她说，过去党有事要找她很容易，而她有事要和党商量，却无法联系。冯当时就答应下来，随后冯雪峰找我谈话，动员我担任这项工作。于是我以钱小姐的化名，成为党组织和宋庆龄之间的联络员。

冯雪峰和我谈话时，专门告诉我，宋庆龄曾向他表示，不欢迎董健吾和他的女儿去他家。宋庆龄说，董健吾在外面用孙夫人的名义胡吹乱说，到处搞钱。过去他曾带女儿到宋家玩，宋也喜欢孩子。不料最近发生的几件事，令她十分生气。一是董健吾的女儿在学校的登记簿上，竟然写上宋庆龄是她的保护人；二是他的女儿要宋庆龄给她买一辆自行车。为此，宋庆龄再三向冯雪峰表示，不希望再见到董健吾父女。

1936 年秋，潘汉年来上海负责统一战线工作和情报工作。冯雪峰向他汇报了董健吾的情况和宋庆龄对他的意见。过了没多久，潘汉年和冯雪峰在我家商议对董健吾的处理。潘汉年说："这次到上海，董健吾原由冯联系现已转交给我，他本身已无多大情报来源，完全是听候党临时交代做一些工作。我与他恢复往来后，发现他生活散漫，完全是依靠党的津贴混日子，还娶了一位姨太太（原系大同幼稚园工作人员，被他看中后同居），经常到一家制卡片的公司打麻将。"两人商量决定，动员董健吾去根据地。潘汉年表示由他去做动员工作。结果他竟对潘汉年说："你开除我党籍我也不去。"董健吾就此自动脱离党而去。一个曾经为党做过一些工作的人，就此与党疏远了，这是十分可惜的。

上海解放后，董健吾父女曾多次要求见宋庆龄，都被宋庆龄拒绝了。

# 我所了解的“武抗”组织的抗日游击队

在纪念抗日战争胜利50周年之际，我回忆起我的老伴徐强在抗战初期组织华东人民武装抗日会（以下简称“武抗”[①]）和派人送情报给陈毅同志的经过。

1931年4月，中央特科领导之一顾顺章在武汉被捕后叛变，他被押送到南京后供出了在上海的中央机关和领导人的地址，情况十分危急，但由于很快得到情报，中央机关等均及时转移，没有遭到破坏。1931年冬，周恩来撤离上海去苏区，另外一些领导同志也陆续离开上海。其他尚未暴露的同志仍在上海坚持工作。1936年4月，警报工作也停止了。

当时情报工作范围很广，除上海及其附近的江苏、浙江外，还包括北平、山东、湖南、湖北、福建、陕西、四川、广西、山西等地，实际上是全部白区（解放区以外）。

1937年全民族抗日战争爆发，我们的情报工作又发展到敌后组织武装部队。

1937年8月13日淞沪战争爆发后，国民党军队只抵抗了一个短时期，以后就节节败退。从1937年11月12日至12月13日，一个月内，上海、无锡、苏州、南京等地相继失守，国民党的几十万军队全线溃退，苏南苏北的东部广大地区沦入敌手，而敌伪势力兵力不足，仅盘踞沿江和公路边少数据点。这样，这些地区广大农村和市镇就暂时形成一片真空地带。同时国民党军队在匆忙溃退时，遗留下来很多被打散的兵员和丢弃的武器，这就为群众武装抗日提供了条件。

在我党的团结抗日的号召下，不少地区的群众组织起来，收集国民党军队丢弃的武器弹药，开展群众武装抗日工作。但是，有一些国民党旧军官，收集残部，自立番号，作为政治资本。还有些地方上的封建势力，趁机拉起队伍，也打着“救国”旗号，实际上凭借武力骚扰乡里。武装力量中，有

① 当时情报部门具体领导人徐强于1938年5月派我去长江局向李克农汇报关于“武抗”情况，并将章程备案。

一些已与敌伪勾结，成为反共反人民的败类，有些部队企图依靠国民党寻求出路，国民党也想利用和拉拢他们，作为自己在这些地区的据点。

在群众组织起来的武装中有不少是拥护我党抗日主张，希望得到党的领导和支持的进步力量。当时新四军尚未东进，地方党尚未完全恢复活动，这些地区也还没有党直接领导的武装力量[①]。在这种情况下，如果我们不去领导其中进步力量，团结改造中间力量，进步力量就会被削弱，中间力量可能落入国民党之手，反动势力将更加猖狂。

为了做好这项工作，从 1937 年底起，上海情报组织就抽调了一部分党员干部，在上海举办了几期游击队工作训练班。由高原（后任山东省政府副秘书长）主持，训练班课程有高原主讲的统一战线工作和斗争的策略，何克希（后任浙江省政协副主席）主讲的游击战争军事问题等。训练班结束后，即通过各种渠道把受过训练的同志派到各地游击队去工作。有的同志留在上海做发动群众的工作，如方知达（后任中央统战部副部长），当时在难民收容所工作，钱明（上海市公安局离休干部）、翁迪民（后任国务院仪表总局局长）在工人夜校教书。他们先后动员了难民收容所中的青年和江湾工人夜校的青年工人、店员 100 多人参加了游击队。

为了便于开展工作，成立华东人民武装抗日会，这是一个公开的群众性的抗日团体，实际上是中央情报部门的外围组织。“武抗”曾印发章程，总会设在上海，各地则根据具体情况建立分会或支会。我们派到各游击工作的同志，都用“武抗”总会名义出面介绍，这些同志到当地后不暴露身份，而用“武抗”名义开展工作并发展成员。

从 1937 年冬到 1939 年，我们通过“武抗”名义，分批派出党员和抗日骨干到一些游击队去开展工作，积极宣传党的抗战方针政策，动员和争取一切抗日力量，开展敌后武装斗争，并逐步把一些游击队改造成为我党

---

① 江苏省委是 1937 年 11 月正式恢复建立的。在它筹建时，组织曾派出一批同志去江苏省委工作，如省委宣传部长沙文汉、军事干部赵伯华以及陈修良、陈洁等同志，特科还将一部分党员和群众组织移交给省委，如同济大学等学校中学生党组织，难民收容所工作的党员。“武抗”1937 年冬成立时，江苏省委刚开始恢复，因此，还没有力量可派出干部参与游击队的领导工作。

领导下的地方武装。回忆当时经由“武抗”派去干部参与组织领导以及进行政治改造的武装力量主要有：

一、江阴梅光迪、朱松寿部队。这支部队活动在江阴西石桥一带和虞、锡等地区，称为抗日义勇军。于1938年春与“武抗”建立联系。“武抗”先派老丁（又名老赵，即上海市公安局离休干部刘钊）与郑文道（已牺牲）去这支部队开展工作，不久调回。“武抗”改派刘史明（原江苏省交通厅顾问）带领方铭（原武汉军区空军副司令员）、叶藻（原中国人民解放军装甲兵团参谋长）等去接替。不久，又派何克希带领李一平（原长春市委书记）、施光华（原舟山要塞司令部副政委）等几名党员去加强领导。何克希、刘史明、李一平三人组成一个党支部，何克希任书记。另外，从上海动员了一批青年工人和学生去该部队工作，约有30人。这支部队开始时人数不多，只有几十人，在我们派人参加工作后，才逐步发展，陆续扩充到两个连的规模，有三四百人。这支队伍称为江南抗日义勇军（即“江抗”），由梅光迪任司令，何克希任副司令员兼政委，逐步形成一支由我党领导的地方武装力量。陈毅曾派胡发坚去担任参谋长，胡不幸牺牲。1939年4月，由陈毅下令，以新四军主力老六团为核心，把这支队伍改编为“江抗”东路军，由叶飞率领东进抗日。这支部队曾攻打浒墅关，一度进军上海市郊，攻打虹桥机场，震撼了上海。

二、启东顾南洲部队。这支部队活动在启东、海门地区，也称抗日义勇军。1938年夏天与“武抗”建立联系，“武抗”曾派李文运去该部队。1938年底，这支部队受到国民党韩德勤部队的进攻而被打败，其中约有一个大队的兵力由姚力带领并入国民党江苏保五旅颜秀五部队。后来，这支部队又在地方党同志的帮助下，于黄桥决战时起义。

1939年春，顾南洲又与王心余等在启东拉起一个大队的武装，为了应付环境，他们接受了国民党抗日支队二总队第二大队的番号。“武抗”派杨进（原上海音乐学院党委书记）带了两个党员去这大队做政治工作。不久，这支部队接受了我党苏北特委（南通、海门地区）的领导，派去的同志就以“武抗”南通区特派员名义，进行苏北地区敌、伪、顽三方面的情报工作。杨进后来调到崇明去开辟工作，启东方面的工作即由李文运接替。

在南通地区，我们还曾派翁迪民化名宫岳，到“忠义救国军”的缪中部队中去，任务是了解该部队内部情况，特别是国民党特务纵队残部的情况。翁迪民担任了缪中部队的秘书，他到这支队伍的驻地南通侯油榨去住了一个时期。当我们了解到这支队伍只是一支徒手的部队，人员不满百人，没有什么作用后，就把翁迪民调回来了。

三、青浦顾复生部队。这支部队活动在青浦地区，约有一个大队的武装力量。“武抗”派罗星元（化名小徐，原南通市委纪委书记）带了朱敏中、方子明（又名陈来生，总参离休干部）等几个党员去领导这支队伍。罗星元又派方子明到杨纪良部队做工作，使杨的部队并入顾复生部队。1939 年春，“江抗”东路军第一次东进到上海郊区时，这支部队改编为“江抗”的一个支队。

四、太湖和吴江县的程万军部队。程万军在国民党溃退后收集国民党的散兵游勇，在太湖边上吴江县一带拉起了一支有几千人的抗日队伍。他的一个亲信叫倪之璜，通过王绍鏊（后任中央财政部副部长）关系以“武抗”名义派去工作。1938 年秋“武抗”又派陈显唐化名丁秉成（即小李），带了施光华、张琼英等一批党员去该部队。丁秉成也从上海动员了一批抗日青年去那里工作。1939 年，在一次与国民党有关系的游击队发生的遭遇战中，丁秉成不幸牺牲。丁牺牲后，就由张琼英、刘志荣、施光华等党员带领大部分干部和骨干到昆山地区继续开展游击活动，以后并入“江抗”部队。

五、无锡邓本殷部队。邓在无锡荡口地区建立了一支武装力量，只有六七百人，编为三个大队，邓自称江浙游击军军长。“武抗”于 1938 年 7 月派杨进化名陈达去该部队任司令部参议。为了改造这支队伍，我们派去的同志选择了成分比较纯洁的二大队（舒少斌大队）建立起一个模范大队，派从上海动员来的青年去该支队工作，经初步改造，取得了成效。

这支队伍有相当的战斗力，曾打击了当时锡北地区一支拥有四五百人、企图投降日本鬼子的封建武装部队，即巫耀祖大队。1938 年 10 月间，经过反击，又彻底消灭了盘踞在苏州黄埭的黄文秉伪军二个大队 500 多人。从此，在锡东梅村，苏州黄埭、甘露、鸣山一带，形成了一片游击基地。1938 年 11 月，邓又率领三个大队的兵力，到武进北乡郑云桥一带，和抗日大刀会刘金林会合，开辟那里根据地。他们遭到国民党江南指挥部所属反共的蔡润琪“挺进大队”1000 多人的进攻。邓本殷在大刀会的配合下，把蔡润琪的“挺进大队”全部歼灭，并缴获了大量武器，武装了刘金林的大刀会。这一仗的胜利，对新四军“江抗”部队第一次从茅山地区向无锡、江阴一带挺进开辟了道路，说明当时在敌后团结改造游击队武装力量抵抗国民党顽固派的进攻，起到一定作用。后来，在新四军东进时，这支队伍改编为“江抗”四支队。

六、昆山游击队。这是由民主人士陶一球拉起来的，有两百人左右的队伍。1938 年下半年，“武抗”派刘志荣（后任二十军后勤部政委等职）去领导该部队，以后并入了“江抗”。

七、浦东游击队。在浦东活动的游击队中，有一支队伍与“武抗”有联系，“武抗”曾派肖德生去这支队伍工作，后来其中的一部分转移到浙东，就是浙东三五支队的前身。

除上述几支主要游击力量外，当时不满国民党统治的中间势力，包括各种政治派别的人和旧军人等，不少人都想利用敌后空隙机会拉队伍。有的希望得到我们支持和帮助，如淮阴的尹卜输（日本士官生），曾通过关系找“武抗”，要求派党员帮助他在苏北一带拉队伍。

上海郊县依托水网地带作战的抗日游击队

还有一些爱国民主人士，在我党方针政策的影响下，积极赞助抗日救国，也曾与我们发生联系，如泰兴的朱履先，在新四军来到苏北前，也曾找“武抗”。“武抗”派了李文运去江都地区，帮助抗日的进步青年陈冀发展抗日武装。又如曾在国民党内公开提出“毁家救国”爱国主张的刘汝梅，在遭到国民党打击排挤后，转而找我们建立联系，曾热心帮助我们在崇明一带拉游击队的关系。

总的说来，上海情报部门通过“武抗”这一群众外围组织，运用组织武装的形式，在当时这些地区处于“真空”的情况下，派出党员干部去这些地区开展工作，积极宣传党在抗战时期的方针政策，组织和开展敌后游击战争，这对于扩大和团结进步力量，争取和改造中间力量，共同抗日，并打击反共顽固势力，保护人民群众，都起了积极作用。

通过组织武装，我们逐步建立起一支支由党领导的、执行党的方针政策的地方抗日武装力量。这些游击队对当地的情况比较熟悉，在与敌、伪、顽斗争中不断壮大。新四军东进时，由于这些队伍是在党的领导下，所以能迅速改编为陈毅直接领导的“江南抗日义勇军”，为我人民武装力量进入这些地区打下了一定的基础。

广泛收集这些地区敌伪顽军事情报，主要通过所掌握的一些游击队和各地的“武抗”，广泛收集军事情况。如 1938 年 10 月，当陈毅率领新四军一支队刚东进到溧阳竹箦桥一带时，情报部门把所收集到的情报由舒曰信、季崇威（原国务院资源委员会常务理事）整理及密写在一本旧小说的背面，派刘钊同志送到陈毅手中。这份情报内容包括：长江以南东部地区各种武装力量（日军、伪军、国民党军队、忠义救国军、杂牌游击队）的名称、番号、指挥官和主要头目的姓名、队伍人数、武器配备、活动区域和活动规律等。情报内容还包括日军侵略计划和部署（这是通过日本情报关系获得的）。陈毅收到此份情报，马上将密写洗出来，看过情报后，非常高兴地说：“这份情报太好了，现在我们有了眼睛，不再做瞎子了。”并认为这份材料对新四军东进很起作用，连夜派人送到新四军军部，第二天特地请刘钊吃了一只鸡。

通过这些工作，我们也输送和锻炼了一批干部，当时通过“武抗”动员到这些地区参加武装抗日的青年工人和学生，以后不少人成为我党和政府部门、军队中的领导骨干。

## 三、回忆宋庆龄（上）

# 党组织派我到宋庆龄身边工作

1936 年 4 月，党中央派冯雪峰到上海，加强统一战线工作，恢复和坚持在上海工作的中央特科的联系。

冯雪峰一到上海，首先来到我家找徐强。徐强是我丈夫，当时叫老金，是中央特科情报工作的负责人。那时我看到冯雪峰身穿古铜色的长袍，头戴礼帽（俗称铜盆帽），脚穿皮鞋，脸色很黑，看起来有些像经商的模样。他向我们传达了中央瓦窑堡会议的精神，徐强向他汇报了工作情况。冯雪峰决定警报工作停止，加强情报工作，由徐强全面负责。并要我们另找房子，换个环境。接着他去看鲁迅，他们两人是老朋友，多年不见，兴奋极了，彻夜长谈。后来鲁迅给宋庆龄打电话，告诉她里面来人了，希望见见面，约定时间。冯雪峰见了宋庆龄，首先感谢她的帮助，使得党中央很快与上海党恢复了联系①，接着他向宋庆龄通报了瓦窑堡会议有关统一战线的精神。宋庆龄听了非常高兴，她说，很久没有听到党的声音了。

一天冯雪峰会见宋庆龄，主要研究有关救国会工作问题。想不到宋庆龄提出一个要求，她说："我考虑了很久，我有事要找你们商量，一下子没有办法找到你们，你们有事找我非常容易，所以我想要求你们派一位共产党员，固定你们与我的联系，这样可以使我和你们及时通气。"冯雪峰答应下来，他说："好的，我来物色一位人选。"

我根本没有想到冯雪峰竟会要我去宋庆龄那里工作。我认为宋庆龄是国内外有很高声望的人，有很高的地位，我怕工作做不好，因此不敢承担这个重任。经过冯雪峰的教导，我还是服从组织决定。组织上考虑到宋庆龄的环境，还为我做了一番包装，定做了几件旗袍，一双半高跟皮鞋，一只墨绿色的拎包。

---

① 1935 年 11 月中央特科的负责人邱吉夫被特务绑架，他是负责电台的，因此上海与中央失去联系，后由当时任交通的徐汉光召集徐强、董健吾在吴宫旅舍商量，决定去陕北找党中央，去陕北的通行证与路费都是宋庆龄帮助解决的。

上海莫里哀路故居的客厅

1936年5月下旬的一天，天气晴朗，我前往莫里哀路（现香山路）29号会见宋庆龄，这是一条与霞飞路（现淮海中路）平行的路，横穿过马斯南路（现思南路）。29号在东头一边，行人稀少，非常安静。我走到门口，紫色大门敞开，走进大门，右手边是白色门窗的一幢小洋房。我按了电铃，开门出来一位微胖的穿大襟衣衫的劳动大姐，满脸笑容将我迎进客厅，随即送茶。

客厅明亮，左右两壁挂着孙中山先生相片，陈设简朴大方。我刚在沙发上坐下，听到一阵脚步声，抬头望去，走来一位身穿黑色旗袍，黑色高跟皮鞋、仪表非凡、美丽端庄的妇女。我马上站起来，只见她带着满脸的笑容，来到我身边，一面端详着我，一面笑着说："啊呀！是位小姑娘呀！"（其实我已经21岁，梳着两条小辫子。）

这时，我把悬着的心放下来了，感到宋庆龄是那么亲切。接着她叫来了李妈，我一看就是帮我开门的。宋庆龄对她讲："这位钱小姐（冯雪峰帮我改的姓），是新来的秘书，因为事情忙，不能每天来。"她对我说："如果我不在家时，李妈会照顾你的。"她又问李妈："元光回来没有？"李妈说："还没有。”她说：“我这里还有一位男帮工，叫何元光。他是搞清洁，买东西，送信的，还会烧菜。今天他不在，以后你会见到他的。”李妈见没有事，就走开了。

宋庆龄和我在沙发上坐好后，她问我什么地方人？家里有些什么人？我都一一回答，后来她好像和我商量似的问我：“你能否每星期来三次，如果事情多了，再增加，你看好吗？”我点头说：“好。”这时，我真切感到她是那么和善，那么平易近人，和我原来想象的完全不同。我的心情也随之开朗起来，我有信心做好这个工作，完成党交给的任务。

大约过了一个多月，宋庆龄对我提出，希望改为每天去一次。她认为这样更为方便。当时在地下党的环境下，宋庆龄的周围不断有特务、密探，我不得不经常改装，不得不经常跑商场。甚至到南京路永安公司（即现在的华联商厦）、先施公司（即现在的上海时装公司）、大新公司（即现在的中百一店），往往从前门进后门出，或者后门进边门出，一直到我确实感到后面没有尾巴时，才回到家中。这些情况，只有我自己知道，不便向宋庆龄谈及。

当时，宋庆龄如有重要事情要商量，就要我去约冯雪峰会面，一般的事情她就对我说。如宋庆龄经常将有些南京政府方面的消息告诉我们，又如，她对我提出，是不是可能帮助她了解牛兰夫妇[①]的情况。

我回来后向冯雪峰汇报，很巧，徐强领导的南京情报关系中就有关于牛兰的情报。因此，每次南京来的密写情报中有关牛兰夫妇方面的情况，我都抄一份给她。

大约在1936年9月左右，潘汉年到达上海。一天他来看电报，看到我单独写牛兰方面的情报，就问我，为什么光写牛兰方面的情报，我就向他汇报了情况。他笑着说：“啊，夫人要，不光是她看，而且上面也要看。”我感到他讲这句话，很奇怪，用疑惑的眼光看着他。潘汉年笑着说：“不知

---

① 牛兰是“泛太平洋产业同盟”（职会）秘书处的代表（这个同盟是红色工会国际的分支机构），更为机密的是，他又是共产国际的代表，专门协助中国的地下工作者。他在公共租界被捕后，被引渡到南京政府。

怎么搞的，他们怎么会把第三国际的关系交给孙夫人[①]！？”我一听，吓了一跳，这事不该我知道，我不敢说什么，赶快低头仍继续抄写有关牛兰夫妇方面的情报。

---

① 周恩来、林伯渠、潘汉年等都称宋庆龄为孙夫人，解放后，则用她的职务称呼她。我在地下党和解放后，一直称她为宋先生。

# 西安事变中的宋庆龄

1936 年 12 月 12 日发生了西安事变，张学良、杨虎城两将军在西安扣留蒋介石，实行兵谏，迫蒋抗战。当天深夜，我们接到中央发来的电报，报头标上“十万万火急”。我兼管电报时间不长，从未见到过这么一份急电，我在凌晨拿到这份急电，非常焦急地等候潘汉年与冯雪峰到来。那天潘汉年来得特别早（我家的后门斜对面是潘的办公室），说从南京得来消息，西安出了事，情况不明，急忙来看中央电报。这份电报通报了张学良、杨虎城两将军在西安扣留蒋介石，进行兵谏，迫蒋停止内战，一致抗日等情况，同时提出我党的主张：公审蒋介石。不多时冯雪峰也来了，他和徐强一起看电报。经过商讨，认为电报很重要，使我们了解到西安事变的许多情况，但党中央提出的公审蒋介石的主张，暂不向外公布，还要等中央进一步的消息。同时，我们要注意南京方面的动向。

我去宋家见到宋庆龄报告了西安事变的情况。她一听到蒋介石被张、杨两将军扣留，非常高兴，说张、杨很勇敢，做了件好事，并说他们采取这种办法，也是迫不得已的。她说，在军事压力下，有可能转变国内战争为抗日战争，但认为蒋介石很狡猾，不可轻信。

第二天，我去宋家，不料李妈打开信箱，竟发现一封恐吓信，用毛笔写的，并附有两颗子弹，内容大意是：你勾结张学良、杨虎城扣留蒋委员长，如果蒋委员长发生意外，这些子弹是不认人的。宋庆龄看了后，笑起来了，说：“不怕他们，我收到的恐吓信也不只是一封，见得多，也就无所谓了。”我看她坦然自若，她的无所畏惧的精神，使我十分敬佩。

回来后，我向潘汉年、冯雪峰汇报了宋庆龄收到恐吓信的事。他们非常重视，认为切不可麻痹大意，一方面，争取公开的保卫，向法租界捕房报案（宋的住址当时属法租界的范围）；另一方面，提醒她暂时不要出门，注意安全。徐强提出派人去宋的住处周围加强秘密保卫工作，但不能让宋庆龄晓得。他派赵伯华（绰号小贩，后为“江抗”的参谋长，在战争中牺牲）担任这项任务，同时嘱咐我，进出宋的住处，比平时更要注意“尾巴”。

宋庆龄同意党组织上述建议。大约过了几天，西安事变有了变化，中央又发来“十万万火急”的电报，内容是和平解决西安事变。在停止内战、一致抗日的条件下，释放蒋介石，要我们报告宋庆龄，同时向新闻界发布。潘汉年要我赶快去宋庆龄那里代他约时间，向她转达中央的和平解决西安事变的主张。

那天我比较早去宋家，却看到门内李妈和何元光两人，一人用橡皮管冲水，一人用竹扫帚反复冲刷。他们告诉我，夜里有人将大粪丢进来，臭气冲天。宋庆龄就坐在客厅里，满脸愁容。宋庆龄说，据南京方面的消息，何应钦积极准备军事行动，要用军队包围西安，派飞机轰炸西安，阴谋制造内战，如果这些亲日派上台，日军可以长驱直入侵略中国，她希望我们党赶快调解此事，有条件地释放蒋介石，并非姑息蒋介石，而是考虑国家的前途。我向她提出，潘汉年要见她，向她通报中共中央对西安事变和平解决的意见，宋庆龄非常高兴，请潘汉年下午二时去。

据潘汉年会见宋庆龄后回来说，孙夫人非常赞赏我们党提出的和平解决西安事变的意见，她提醒我们与蒋介石打交道要十分注意，此人毫无信义，异常狡猾，当面一套，背后一套，手段十分毒辣，应当提高警惕。

后来西安事变得到和平解决，这对推动国共两党再次合作，团结抗日起了重要的历史作用，成为由国内战争走向抗日民族战争的转折点。

# 忠实执行孙中山的三大政策

1937 年 2 月，宋庆龄接到国民党中央委员会的开会通知，请她参加国民党五届三中全会。宋庆龄自从 1926 年以后从来不去参加国民党的中央委员会的会议，她对蒋介石深恶痛绝，也不愿意见到那一批违背孙中山先生的三大政策的假左派。这次接到通知，她犹豫了一下，最后还是决定去参加，利用讲台发表演说。

宋庆龄对我讲，她要去南京开会，大约两三天回来，准备在会上发言，讲完话就回上海，一刻钟也不愿多待。她说，我实在讨厌他们。她在大会发表了题为《实行孙中山的遗嘱》的演说。她说：

“中国人民已经下志愿，下决心，不再向帝国主义让步，而准备收复失地……”

“丧权辱国的对日谈判必须停止！”

“胜利将属于谁是毫无疑问的！只要政府能够执行先总理孙中山的遗嘱！他在逝世前曾昭示我们，只有忠实执行他的三大政策，才可能救中国。”

“救国必须停止内争，而且必须运用包括共产党在内的全部力量，以保卫中国国家的完整。中国人不应当打中国人……”

宋庆龄回来后，将这篇演讲稿很慎重地用信封套起来，交给我，请潘汉年与冯雪峰看看。

1937 年春，李克农从陕北到达上海，他在治眼疾的同时，还肩负着重要任务。李克农一到上海，首先通过我约定时间，由潘汉年陪同去拜访宋庆龄，向宋庆龄通报了西安事变后国共谈判的情况，特别是释放“政治犯”，请宋庆龄从旁协助，促使国民党尽快解决。

# 周恩来在上海与宋庆龄会面

1937 年 7 月 17 日，中共代表团周恩来、博古、林伯渠与国民党代表蒋介石、张冲、邵力子在庐山会谈后，来上海住在北四川路新亚饭店。第二天，他们到潘汉年另一个办公地，把徐强召去向周恩来等汇报情报工作。汇报结束后，潘汉年要徐强赶快叫我去通知宋庆龄，周恩来等三人经庐山会谈后，已来上海，要求见宋庆龄，请她约定时间。当我去宋庆龄那里，告诉她这个消息，她高兴极了，很快约定时间，要我赶快通知周恩来同志等。

周恩来会见宋庆龄，彼此都极为高兴。他们是在大革命时期就认识了，而林伯渠是国民党前身老同盟会会员，更为熟悉。他们谈得很热烈。周恩来将庐山会谈经过情况向宋庆龄作介绍：7 月 7 日，日本侵略军向北京郊区卢沟桥发动进攻，中国守军奋起抵抗。7 月 8 日共产党中央发布《中国共产党为日军进攻卢沟桥通电》。15 日，中共中央公布《国共合作宣言》，这个宣言以团结抗日，实行民主政治为主旨，提出取消苏维埃政府，改编红军为国民革命军等具体建议。17 日，中国共产党派周恩来、博古、林伯渠为代表，同国民党代表蒋介石、张冲、邵力子在庐山举行会谈。中共代表提议以《宣言》为两党合作的政治基础，当时蒋介石态度冷淡，对抗日仍很动摇，对日本军国主义还有幻想，“希望通过和平方法，求得卢沟桥事件的解决”。他们把中共的建议搁置起来，以致会谈没有结果。

宋庆龄听了很生气，她说，怎么置国家民族生死存亡于不顾，岂不是变成人人喊打的卖国贼了吗！？后来的事实没有按照蒋介石希望的那样以妥协求和平，而是经过八年抗战，中国人民用热血换来了胜利。

# “你和共产党员一样”

1937年记不得哪个月份，宋庆龄和我谈了一些事情后，她突然轻轻地对我说：“我算不算党员？”她提出这个问题，当然决不会是问我的，她是在问党组织。我无法回答，只得点点头，嗯嗯。她也并不追问，又讲到别的事情去了。

我回到家里，等候潘汉年和冯雪峰来看电报时，我把宋庆龄提的问题请示他们，应该如何回答宋庆龄。潘汉年说:“孙夫人坚定不移地与我党合作，她用她的特殊身份、特殊地位，起了特殊的作用，任何人也替代不了的。她的入党问题，必须中央来考虑。”他又说：“明天你对孙夫人说：你和共产党员一样。这样的回答比较妥帖。”冯雪峰也同意。

第二天，我见了宋庆龄，按照潘汉年的意见回答了她。她很高兴，我把一些事情办好后，就准备回去了，宋庆龄一定要留我吃饭，她说：“你是从来不肯在我这里用饭的，今天一定在这里吃顿便饭。”其实，我是利用大家用饭的时间离开宋家，相对来说，较为稳妥一点。

宋庆龄的饭菜极为简单，首先每人一盅紫菜汤，接着一盘甜椒炒猪心，另一盘为灯笼椒塞肉，还有一盘蔬菜和一盘盐渍的紫萝卜，都是她亲自做的。她对我说：“我炒菜是跟孙先生学的，他长期流浪生活，学会了炒菜煮饭，而且他是医生，懂得营养。青椒维他命C特别多，所以我常吃青椒。紫萝卜是我盐渍的，不仅营养好，而且很爽口，是我喜欢吃的。”这顿便饭，我们两人吃得都很开心。

# 毛泽东、周恩来催请宋庆龄撤离上海

1937 年“八一三”日军进攻上海，炮轰闸北，袭击虹桥机场。当时租界也非常混乱，许多华界的居民纷纷涌到租界里来，靠近租界与华界交界地方的居民纷纷往市中心逃。抢米店之风很厉害，许多米店纷纷关门，停止营业。

一天我去宋家，恰巧宋庆龄不在，李妈来给我谈:“家中米只能吃几天了，元光出去找米店，可是都关了门，他实在买不到大米，急得不得了。”正在这时，何元光来了，他说：“钱秘书，请你想想办法买点米，我实在没有办法了，又不敢对夫人说。”他们两人都恳求我帮助解决购买大米。这件事，我也没有把握，对他们说：“好，我去想想办法吧。”我只得提早离开宋家，转了好几个弯，找到我的父亲，请他帮忙。我父亲当时是衣庄的伙计，衣庄隔壁正是米店。于是他托米店熟人，买到了大米。第二天，我父亲雇一辆汽车送了一担大米去。事后，李妈、何元光看到我，再三感谢。

到了 10 月下旬，全国抗日战争形势更加严峻，国民党军队弃守张家口、大同、保定、沧州、石家庄、归绥、邢台、德州、娘子关等。上海的形势也更紧张了，日军在沪宁线调动频繁。党中央毛泽东、周恩来来电说:为了孙夫人的安全，请她撤离上海去香港。这份电报由潘汉年向宋庆龄传达的。第二天，我去时，记得宋庆龄曾对我说：“感谢毛先生和周先生的关心，我这里还有不少工作需要处理，我还不能一下子随便离开，稍缓些时间吧！”她停了一下，又对我说：“我非常希望你能和我一起去香港。”这时，我为难了，因为我还不知道组织上是什么意见，不敢答应下来，只能以微笑作为回答。

大约 11 月下旬或 12 月上旬，中央发来第二封电报。这时抗日战争到了极其严重的阶段。上海沦陷，国民党军队相继弃守无锡、苏州等地，上海租界陷于日军包围之中，成为孤岛。中共中央来电催促宋庆龄赶快离开上海去香港，电报具名为毛泽东、周恩来。这份电报由我向她传达，她表示感谢毛先生和周先生，并说：“工作上一些事情已经处理得差不多了，可以离开上海了。”她告诉我，她把孙中山先生的遗物全部整理了一遍，凡是能带去的尽量带去；还有她母亲和父亲的纪念物，也想尽量带在身边；还有不少重要的东西，只得准备寄存在朋友处，有的只得放在家中了。当她讲了打算后，记得她拍拍我的手背，对我说："我们相处得很好，很合得来，非常希望你能一起去香港。"这次，我事前已经得到组织通知，决定由我陪同宋庆龄去香港，因此，我点点头答应了。

宋庆龄为人很细致，待人极为周到，她甚至为我准备了去香港的服装，送了一段紫色椭圆形银色花纹的丝绸旗袍料子，要我赶快去做一件丝棉旗袍；另外又送了一件灰色凹凸形花纹的旗袍和一件黑色外套，都是新的。她说："不要客气，你拿着，会有用的。"我回来后，等潘汉年和冯雪峰来时，赶紧汇报，把东西交给他们，潘汉年说："凡是夫人送你的东西，你必须要拿，不然她会不高兴的。"冯雪峰说："给的料子，赶快去做，再买一件大衣，这样可以配起来。"

在赴香港前三四天，宋庆龄交给我一张船票，她说："这是艘德国邮船，乘客少，比较方便。我请外国朋友送上船，带着李妈，你单独上船，我们在船上会面吧。"

# 初到香港

1937年12月23日清晨，天气阴沉沉、灰蒙蒙的，很寒冷。我拎了一只箱子，拉上大衣领子去码头，上船的人不多，都是三三两两的。

邮船大厅富丽堂皇，房间里床头有电话，里面有洗漱间和浴室，室内布置得很高雅，暖气很足，大衣穿不住了。船开出不到一小时，李妈找到房间来，交给我一张字条，这是宋庆龄写的，大意是：在船上不便会面，到香港后，要我第二天到她的新家去，下面写上了地址。李妈还告诉我，宋霭龄也乘同一条船去香港。

到达香港，宋庆龄住在她二弟宋子良的房子里。宋子良在香港有几套房子，半山上这套让宋庆龄暂住，宋庆龄准备以后找到合适的房子再迁移。我住在跑马地徐某家中，他是中央秘密党员，任国民党国际关系研究所所长，英文很好。他是由南京撤退到香港的，还有他的妻子潘某，两人都是宜兴人。他在南京时是由徐强领导的，潘汉年到达香港后，移交给潘汉年领导。

我按原来约定的时间去看了宋庆龄，李妈一看我去了，她说："夫人就是等你来。"原来宋庆龄因为我没有来过香港，准备带我出去走一走。那天，宋庆龄穿了件黑色旗袍，加上黑色薄呢的外套，高跟皮鞋。等到出租汽车来了，宋庆龄和我坐在后面，李妈坐在司机旁边。不料汽车刚开出一会儿，在山上转弯地方，迎面来了一辆汽车，双方都未按喇叭，幸亏我们的司机极快地转动方向盘靠左边让路，没有造成撞车的危险，把宋庆龄吓了一跳，她说："啊呀！好危险！"把手在自己胸前拍拍。

汽车停在香港去九龙的轮渡码头，准备先去九龙走一走。香港的轮渡有座位的，全部是长条凳。我们一直往里走，在最里面靠窗的一排凳子上坐下来。一会儿，宋庆龄站起来，对着窗外看，我一看她站起来，我也站了起来。她在我的耳边轻轻地对我说："你看靠进口旁边一排座位上有一个女的皮肤黑黑的，胖胖的，穿了一套西装，她叫陈璧君，是汪精卫的妻子，我实在不愿见到她。"

当到达九龙时，我们等到渡轮里的人走得差不多时，才上的岸，已经不见这位胖女人的影子了。我们沿着九龙最大的一条马路——弥敦道走，一直走到弥敦酒家门口，才回转来，仍坐渡轮回到香港。

当时香港只有两条大马路，一条德辅道，一条皇后大道。我们慢慢地走，宋庆龄带我们去了金龙酒家用午餐。她点了几个菜，现在还记得两只菜：一只香螺，一只水鱼（即甲鱼），香螺原来是大的海螺，切成片，用核桃炒，肉色如白玉一样，非常脆，也很鲜。水鱼是清蒸的，每人一盅。我们把水鱼连汤吃光了之后，宋庆龄说，她要变戏法给我们看，她将红茶倒在盅里，立刻变成白色，如牛奶一般。我从来没有见到过的。我和李妈都笑起来了。

## “一切都是从政治上来分的”

大约 1938 年二三月份，我在报上看到了一条很大的标题：《蒋夫人探望国母孙夫人》，我想可能有什么重要消息。我打电话给宋庆龄，准备去她那里，李妈接的电话，她说：“你来，夫人等你。”我到了宋家，原来廖夫人何香凝送来萝卜糕，要我去吃。而李妈已经准备好萝卜糕，她用虾仁、绿豆芽（两头去掉，用中间一段）炒萝卜糕，给我一大盘，宋庆龄只吃一小盘。她说她吃过了，这一小盘是为了陪我吃，宋庆龄问我：“好吃吗？”我说：“确是好吃。”她说：“廖夫人做萝卜糕，作料非常讲究的，大米粉用鸡汤和在里头，再加上火腿和大虾米切成细末放在米粉里面，怎么会不好吃呢？！”我一面吃，一面问报纸上登的消息，情况如何？

宋庆龄说：“昨天我的小弟弟子安来看我，对我说，三姐（宋美龄）来到香港，我们都聚在一起，三姐关照大家，任何事情不要告诉你。我听了很生气，就对我的小弟说，你不要对我说什么，我也不要听。”停了一会儿宋庆龄接着说：“我的小弟子安是和我比较好的，他还来告诉我一点消息。”“我们姊妹关系不及一些好朋友，一切都从政治上来分的，谈不到什么骨肉之亲。我们姊妹彼此都用夫人称呼。她们叫我孙夫人，我叫她们孔夫人、蒋夫人。报纸是乱推测的。我住在上海那么多年，都不来看我，我刚到

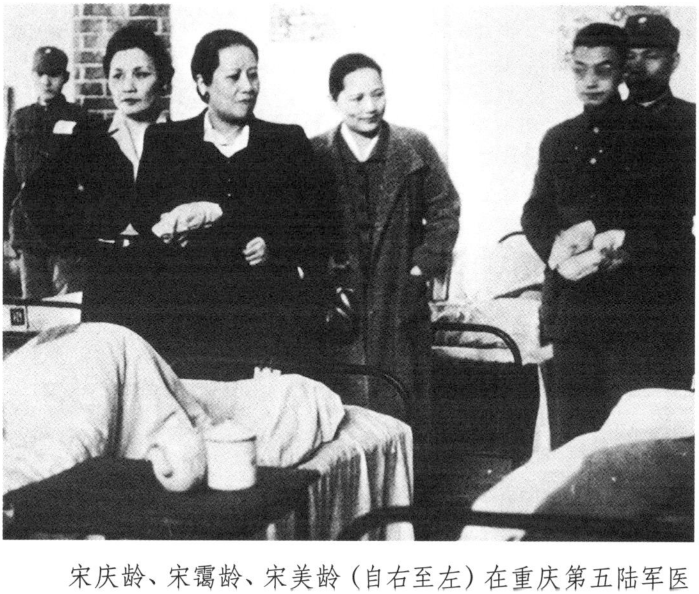

宋庆龄、宋霭龄、宋美龄（自右至左）在重庆第五陆军医院慰问伤员

香港不久，怎么会来看我呢？当然我也不会欢迎。”“孔家的大儿子孔令侃，在圣约翰大学读书，常来看我，告诉我许多南京政府的情况。因为孔家大人在讲事情，并不回避孩子的。西安事变时，他的父母不准他来我家了，这不是看得很清楚吗？样样都是从政治上分的。什么姊妹之情，都是空的，表面的。”

记得在重庆时，蒋介石夫妇和宋庆龄一起照过一张相片。后来她把这张相片寄给了一位外国朋友（好像是斯诺的前妻），还在相片头上写了两个字：“统战”。

# 在香港时的见闻

早在宋庆龄到香港之前，党中央已经派廖承志到达香港建立八路军办事处，对外称粤华公司，开展统战等工作。宋庆龄对廖承志是十分熟悉的，是看着他长大的前辈，因而对廖承志十分信任，廖承志则尊称宋庆龄为“叔婆”。1935 年，廖承志被蒋介石逮捕，是宋庆龄陪廖夫人何香凝到南京把廖承志营救出狱。宋庆龄到香港筹建保卫中国同盟时，廖承志成为她十分重要的支持者和助手。

香港西摩道21号，保卫中国同盟曾在这里办公

1938 年春节，廖承志在香港结婚，廖夫人早就邀请孙夫人去参加她儿子的婚礼。正巧第二天我去看望宋庆龄，自然免不了谈到婚礼的情况。她认为结婚仪式繁琐得不得了，怎么有那么多礼节。她告诉我，廖承志妻子经普椿是廖夫人在书画界的老朋友经亨颐的女儿。廖承志出狱后，经亨颐带女儿去看他。后来经普椿看中了廖承志，并表示愿意等他。廖夫人也愿意老朋友的女儿做儿媳妇，因此特别高兴。廖夫人出身于香港的名门望族，家庭富裕，她对儿子特别宠爱，而对女儿廖梦醒就差多了。宋庆龄对此略有微词，她曾在我面前说：“我真为阿醒（指廖梦醒）打抱不平。”

有一次我去宋庆龄的住处，宋庆龄显得很不高兴，对我说：“肥仔（廖承志）最不遵守时间，总要迟到，常常迟到一两个小时。”我听了没敢吭气，后来碰到廖承志时我就跟他讲，孙夫人讲给你约好时间，你老是迟到，夫人很不高兴。他拍拍脑袋说，啊呀呀，有时和别人谈话就忘了时间了，下次一定注意。

这年春节过后，潘汉年也辗转来到香港，住在一位地下党员家里。他曾和我们讲过一件趣事：潘汉年到香港不久，即去拜访廖夫人何香凝。廖夫人见到老朋友很高兴，表示欢迎，说潘先生你先去冲凉，然后在这里吃点心。潘汉年表示感谢，去到浴室，脱了衣服进了浴缸，才发现水是冷的，又不好意思讲，只好用脚在浴缸的水中搅动几下，擦干脚了事。还在浴室里待了一会儿再出去，表示已洗完澡，向廖夫人道谢。这时用人送上点心，潘汉年用完点心才告辞。他说得我们大家都大笑起来。

# 四、从上海到延安

# 转辗香港到重庆

大约在1938年4月，上海来电报，由于我的孩子病重，要我回去。我向宋庆龄请假，她同意，并再三叮嘱我尽快回香港，她打算把我放在正在筹备组织的保卫中国同盟中，任秘书，有了公开身份，工作更为方便。不料我回上海后，虽然孩子病好了，又因工作需要留下来了。1939年5月康生调我去延安，我经过香港，写了一封信给宋庆龄，寄到老地址，告诉她，我去延安了。

那是1939年5月，接到“八办”传来的电报，通知我去延安照顾生病的徐强。路线是经香港转内地。我由上海到达香港，即与廖承志约定在皇后大戏院门口碰头，我比约定的时间迟到了两分钟，小廖（那时的叫法，因为大家称他父亲廖仲恺为老廖）一看到我，就叫起来:“你迟到了两分钟，你看我这个一百七八十斤的人多辛苦。”

我知道小廖平时最会开玩笑，你要多讲，他越会开玩笑。所以我一言不发，对他笑一笑，也就算了。我们算是接上关系，他随即带我去了不远的一家咖啡店，见到了等在那里的老王。小廖作了介绍后，对我说：“一切事情由老王代你办理，我走了。”说完即与我们告别。

大约第三天，老王办好一切手续，带我坐船前往越南海防。到达目的地后，我们住进一家法国人开的旅馆。在旅馆会客室，老王将我介绍给同行人，说我是八路军的家属，跟随他们去重庆；其中一位是英国《曼彻斯特导报》的记者，一位是德国籍的医生米勒，一位是留学德国后回国的江涛声医生，另一位是江医生的德籍太太。

我们坐下来后，大家自由活动，老王带我出去走了一圈，看见一些越南艺妓，她们坐在大门里一排长凳上，弹着像中国琵琶差不多的乐器，口中吟唱着唐诗。在马路上，还看见躺在路边抽鸦片的，我当时感到惊奇，老王说：“越南不禁烟，所以马路边就有烟摊。”

傍晚，吃过晚饭在会客室里休息，江涛声医生的德国太太热情地用生硬的汉语和我聊天。她对我说学汉语很难，她曾经闹过一次笑话，说她到江涛声的老家，看到身旁的茶几上放着苹果，她为了显示自己学会了中国话拿起苹果说："这是苹果。"不料引起满堂大笑，当时莫名其妙，江涛声用德语告诉她："你发音错了，把苹果说成近似'屁股'。"我感到这位太太很有趣，也很随和。

第二天用过早餐后，我们坐上保卫中国同盟的救护车，这辆车是要送到敌后抗日根据地去的，我们顺路坐了。老王陪同我们大家到广西凭祥。车子穿过镇南关（现已改为友谊关），就到达了凭祥，老王与我们告别，回香港去了。

这辆救护车内部装修较好，车厢宽敞，坐着很舒适。但车子经过南宁后不久，遇到国民党军警检查站，要我们车上的人下来，检查身份证。同行的人都有护照，唯有我既无护照又没有其他身份证明，江涛声医生对他们说："她是八路军的家属，到重庆去探望丈夫的。"检查站的人说："你们可与桂林八路军办事处联系，由他们出个证明。"联系电话打不通，天色已晚，车上的人急于要走，只得将我留下，住到旅馆里等待。不料第二天清晨防空警报声震耳，人们纷纷向城外跑去，我也跟着当地居民一起向城外跑去。一会儿窜来一架日军飞机投弹轰炸，还用机枪向城外的树林里疯狂扫射。离我躲的地方不远处就死了两个人，伤者很多。等解除警报，我就跟着大批居民一起回城。直到第三天，桂林"八办"派来接我的汽车到达。据司

1939年，宋庆龄在香港由国际友人向延安捐赠的一辆救护车前

机告诉我，接到电话，立即派汽车来接，因柳州连续两天遭到日机大轰炸，交通阻塞，才迟到了。旋即驱车，到了桂林“八办”，在那里主持工作的李克农问了我的情况后，对我说：“你只能等，有便车把你送到重庆，然后由重庆设法送你去延安。”他还告诉我说：“这里天天有日本飞机侵扰，你吃了早饭就去七星岩，解除警报再回来。”

我在桂林住了多少日子，自己也糊里糊涂了。后来总算等到了由香港“八办”为叶剑英购买的一辆“雪佛莱”牌的轿车，开车的叫阿林，广东人。李克农对我说：“你就坐这辆汽车去重庆，同行的一位是博古的爱人张越霞，还有一位是石西民的爱人吴伟，石在《新华日报》工作。”

我们一行翻山越岭到达贵阳，沿途所见，给我极为深刻印象的是那里的同胞极为贫困，路上行人多脸黄肌瘦，萎靡不振。据说这里的人抽大烟的很多，为此不少人倾家荡产。我们的汽车开进四川，情况才有改观，翠绿的梯田一片连一片，田野里一派欣欣向荣的景象。到达重庆“八办”，张越霞和吴伟与我分手。我住进“八办”电台的驻地，这里较为隐蔽，我只能在此等待机会去延安。

# 随邓大姐赴延安

我6月初从上海出发，一路上曲曲折折，到达重庆已进入8月份了。我心中非常焦急。第二天上午，突然有位女同志来看我，一位陪同来的同志给我介绍："这是小超。"我不认识她，只见她三十出头，身穿旗袍，眉目清秀，很有风度。她自我介绍："我是邓颖超。"

在上海做地下工作时，我只听说过她的名字，并不相识，不料现在竟出现在眼前，我非常高兴，两人紧紧握手。坐下来后，她问起我的情况。我告诉她，我曾做过工人运动，在工厂工作过。我提到一些人：金维映、张金宝、徐大妹、朱秀英、楼曼文和蔡绍敦夫妇等等，她说她都认识，这样使我们一下子靠近了，好像老朋友相见。她告诉我："7月里，恩来在延安惊马，手臂受伤，原以为只是小伤，无所谓，现在伤仍未好，还有可能致残，所以通知我赶快回去。听说你也是去延安，那我们就一同去好了。"我听了邓颖超同志的话，非常高兴。她要我准备明天清早就走。

我们又是坐一辆救护车从重庆出发，当天车抵成都。用餐时，邓颖超同志问我吃不吃辣，我说不会。她告诉我："在四川、湖南等地什么菜都放辣椒，如果不吃辣，点菜时必须写'免辣'，不然，样样菜都是辣的。"

邓大姐、我、两位陪同人员和司机一共五人，邓大姐要我们多吃菜，特别关照司机："你辛苦了，多吃一些，吃饱，绝对不要客气，都是自己人。"当我们住进旅馆，邓大姐还特别关照两位陪同人员，要他们照顾好司机，让他睡好，明天早上由他们陪同司机去用餐，务必吃好、吃饱。

第二天早上，邓大姐问我，晚上睡得好否?我说好的。又问我早上想吃些什么，我说随便吃点就行了。她说，那我们出去走一走，看看有什么好吃的。我们走出旅馆的大门，发现外面都是小吃摊，花色品种很多。邓大姐在一家小铺里吃担担面，我挑选一个担子里的酒酿鸡蛋，外加一个小烧饼，有点像上海的蟹壳王。

吃好后，我们回去，看到司机等人已经将所有行李装上车，一切准备好，等着我们。

我们的汽车继续向北去，进入宁夏与陕西时，景色完全不同，一片黄土地，农村的房屋全部是黄泥造的。看着孩子们都赤膊走来走去，妇女不穿上衣，而是用胸兜的穷苦状况，我们心里很不好受。

道路不好走，到处是坑坑洼洼，颠得厉害。当我们快到宝鸡时，汽车突然开不动了，实在急人，附近又找不到修理汽车的地方。幸亏离西安不远了，邓大姐决定改坐当地的骡马大车。上车前，邓大姐说我们都从未坐过骡马大车，照像留个纪念。但我有些顾虑，因为长期搞地下工作，怕暴露，虽然很想留一个纪念，但又不敢大胆地抛头露面，所以邓大姐拉我一起照，我拼命缩在后面，低着脑袋，结果成了一个怪模样。

邓大姐要一位陪同人员和司机留下来，将汽车修好就开到西安"八办"，又特别关照要照顾好司机。

我们坐上骡马大车到达西安十八集团军办事处，住了一个晚上。第二天傍晚，十八集团军派了武装人员和一辆卡车来接邓大姐返延安。次日清晨邓大姐带我随同他们一起出发，顺利地到达延安。邓大姐去看望周恩来，后来得知因伤势严重，中央决定邓大姐陪同周恩来去苏联治疗。我到了枣园康生那里，即被隔离起来进行审查。究竟什么问题，自己也不清楚，一直到1943年周恩来同志回延安，带来了宋庆龄送给我的毛巾、围巾、手帕、雪花膏、手套等东西。过了几天，便取消了隔离，分配我到西北公学搞审干甄别工作。这个工作结束后，又调中央社会部调查研究科工作。我真感谢宋庆龄，她没有忘记我，还想到我，促使康生很快取消了对我的隔离，分配我工作。后来我被调到华东局分配工作，康生在我临近动身前，通知我：有关审查的事，不准谈。

李云和徐强在延安

# 解放后的重逢

全国解放后，在北京见到邓大姐，她一见到我，就喊出我的名字。我们阔别了十年多，而且我的形象也变了，不穿旗袍，而穿着列宁装，想不到邓大姐记得那么清楚。我们互道阔别之情后，她告诉我，那年在骡马大车前拍的照片还在。在谈到一些地下党员情况时，她特别问到老中医李复石的情况，我告诉她李复石故世了。她叹息地说：“这位老中医为党做了不少工作，未能等到解放，可惜了！”她还问了我的工作情况，我一一告诉了她。

大约是20世纪60年代初，一次我出差到北京，住在新侨饭店，突然接到邓大姐的电话，邀请我到她家去玩，并约定时间派车来接我。记得车子到达她家时，恰巧邓大姐和孙维世在门口谈话，看见我来了，孙维世就走了。邓大姐把我引进会客室，在她简朴的家里，家具全部是木料做的，也很陈旧了。桌子上放着一盆腰形的果子，邓大姐要我尝尝这盆腰果。她对我说：“这是恩来出国访问时外国朋友送的，他分送老同志，自己存下一点，今天我特地请你来尝尝。”我是第一次看到这个叫腰果的食品，现在到处都有，那时是稀有的东西，我拿了一颗放在嘴里，果然又香又脆。

谈话中，邓大姐关心地说：“你找过恩来，主要由于你被康生整了，希望有一个公正的结论，其实你早给我讲，我就可以帮助你解决了。”她又问我工作上有什么困难，我说没有什么困难，其实有些话没有讲，如果向邓大姐反映一些情况，会被看成越级上告，只好把一些困难自己咽进肚里。

我向邓大姐告别时，她对我说：“你以后有机会到北京，就到我这里来玩，你不要客气，我们是老朋友了。有困难尽管告诉我，切不可闷在肚子里。”

邓大姐工作很忙，我实在不愿去打扰她，虽然多次去京，一直没有去看望她。我内心是非常感激她，也很想念她的。现在她走了十年了，但这位老共产党员的受人尊敬的形象永远印在我的心中。

# 五、回忆宋庆龄（下）

# 上海解放了!

1949 年 4 月下旬，我因有一个小孩才一岁需要照顾，未能前往丹阳参加准备接管上海的集训，而是从济南我工作的地方直接去上海的。到上海后，我向组织要求去工厂。不料在工厂当了几个月的厂长，又被调去接管上海商品检验局，替代原来的军代表曾愉的工作。我被任命为军代表和接管专员。这是新工作，担子重，也繁忙。但我心中有一个愿望，就是去看望宋庆龄。后来托人打听，得知她已移住淮海中路 1843 号。一天我准备去宋家，因为不知道电话，无法事前约会，只能打破常规，直接去看她了。

当我走到大门口时，看到两扇黑漆大铁门，围墙都是细竹的篱笆，用柏油涂成黑色，路旁边是电车站，这里上下车的行人很多，很嘈杂，与过去的莫利哀路的住处不能比，那边很安静幽雅。我在大门边的电铃按一下，开门出来的是一位穿中山装的男青年，问我找谁？我考虑不便直接告诉他我是来找宋庆龄的。我说，我是找李妈——李燕娥的。他要我站在原地，他去通知。

不一会儿，李妈远远地走来了，她一看到我，一边指，一边高兴地叫起来：“啊呀！钱小姐，夫人经常提到你。”她走到我面前拉着我的手说：“我陪你看夫人去。”大约走了一二十步路，到了一扇白色油漆的门前，李妈将门打开，进门是一条宽敞的走廊，走廊的尽头是楼梯，左边一扇门，进去是客厅，客厅大而明亮，前面一排窗，窗外的园子四周是高大的香樟树。陈毅市长曾向宋庆龄建议，换一个安静一些的环境。宋庆龄表示，她爱樟树，不想迁移。后来市政府把宋家的竹篱笆拆除，砌了水泥砖石的围墙，将她门口旁边的电车站移到天平路口。

走进客厅，左边靠墙是长沙发，中间一只比较低的四方茶几，两边为单人沙发。

上海淮海中路宋庆龄故居的客厅

李妈把我引到进门的对面靠墙的长沙发上坐下后说："我去告诉夫人。"一会儿我听到皮鞋声从楼梯上下来，我知道一定是宋庆龄下楼了，赶紧站起来，走到门口迎接她。

宋庆龄看到我时，非常高兴，满脸笑容，走到面前，双臂敞开把我抱住，在客厅里走一圈，然后拉着我的手坐在靠里面的沙发上。李妈早准备好茶，站在旁边看着我们笑。她见我们坐下来，把托盘上的茶杯放下来后，就走开了。

宋庆龄对我仔细端详着，说："我们终于又见面了，我是多么高兴呀！"我和她分别了十多年，但见到她好像变化不大，只是胖了一些，仍旧那么端庄、清秀，根本看不出她已经是五十多岁了。

宋庆龄没有问我的情况，却急急忙忙告诉我发生的一件使她生气的事。她说："上海解放后，一天突然来了几个穿军装的年轻人，其中一人拿了一把长的军刀，大叫大嚷地要来接管房子。何元光对他们说：'这里住的是孙中山先生的夫人。'来人说：'我们不管什么人，我们是来接管房子的。'何元光和李妈再三讲也没有用，外面院子里挤满了来看热闹的人，我在里面气极了。"

"李妈见到这些人无理可讲，劝我出去：'你不出去还不行，吵得要命。'

我是在这样情况下出去的。那么多的人围着我看，我真难为情极了。”

“我见那个为首的人，手里拿着一把长军刀，在地上划来划去，嗓门也大。我严肃地对他说：‘我就是宋庆龄，请你们回去向你们的上级报告。’我说完就回到楼上房里，不管他们翻天覆地的叫嚷，不理他们。这件事真把我气坏了。”

我看她至今还在生气，不能不有一个态度。我说：“这些人实在太无知了，态度恶劣，即使对一般老百姓也不能这样凶横。”

宋庆龄饮茶后，稍为歇息一下，大概气平了一些，问我在哪里工作。我告诉她，我以军代表身份接管上海商品检验局。她又问起我的大孩子，因为她记得 1938 年我请假由香港回上海，就是因为孩子生病。我告诉她，我们都去了延安，孩子托人带，大热天，孩子口干，自己爬在凳子上去拿热水瓶，结果整个热水瓶打翻在身上，全身脱皮，送到医院，没有几天就死了。

宋庆龄“啊呀”地叫起来：“怎么会这样，孩子真太可怜了！”接下去她大概怕我为孩子心里难受，就改而谈起房子问题。她说莫里哀路的房子，很破旧了，一下雨就漏，无法可住。她从重庆回到上海，暂时住在靖江路，一直到 1949 年初才搬到这里来的。问我住在什么地方，我告诉她住在重庆路，她叫我写住址给她。她拿了住址对我说，你等一会儿，我就来。

不多时，她拿了两件衣服，一件是卡其布面子男装，一件是人造羊皮的短外套。宋庆龄说你拿着，天冷可以披在身上暖和的。她叫李妈帮我包扎，让我好拿。我站起来告辞，她说下一次一定要来，有事情要对我讲。

离开宋宅，我就在想，对于宋庆龄说的接管她家房子的事，能向谁汇报呢？后来我了解到，陈毅市长知道这件事后非常生气，严肃批评了那位下令去接管宋宅的姓张的干部。陈市长还亲自打电话向宋庆龄表示歉意。5 月 31 日，在史良大姐陪同下，中共中央华东局领导同志邓小平、陈毅、饶漱石、吴克坚等前往宋庆龄住处拜访并道歉。

上海淮海中路1843号宋庆龄故居

# 宋庆龄要我到中国福利会工作

我第二次去见宋庆龄时，气氛依然十分融洽欢快。李妈端来了茶，我们边喝茶，边聊天。宋庆龄对我谈到她1938年在香港创办的保卫中国同盟，现在改名为中国福利会，希望我能到会里工作。而我很希望长期在上海商品检验局工作，可以学到一些专业知识。但是宋庆龄提出的要求，我不能不考虑。我告诉她，目前接管工作很忙，我可以每星期抽出一些时间来帮助中国福利会工作。我说："我每星期来一两次，帮助中国福利会安排人事和建立机构。"她很高兴地点头同意了。

就这样，我开始帮助中国福利会调干部，建立和健全机构。当我正准备离开中国福利会，把全部精力放在商品检验局时，宋庆龄于1951年2月13日给我来信说："……有一件事传到我处，使我十分不安，即是听说你考虑回到原来的办事处去。我知道会中同仁特别是主席办公室的各位同人也曾表示对你感佩，大家都称赞你办事周密，关于人事问题非与你商讨不可，没有一位同人愿意你离开我们的。……希望你能取消你的辞意，如果在万不可能的情况下，我也希望你能支配一部分时间，于每星期到福利会来帮助数次。"①

我接到此信后，继续帮助中国福利会工作。几个月后大约是1952年6月，组织上突然将我调到中国福利会，另调外贸局的副局长吴锦章接替我的工作（后来才知道是北京下的指示）。

我上午接到紧急调令，下午赶到华东局组织部。组织部要我第二天早上上班时去中国福利会报到，工作由那边分配。次日我到了中国福利会，他们对我热烈欢迎，使我很感动。人事秘书通知我说："宋主席请你去她家。"（宋庆龄是中国福利会的主席，故大家都叫她宋主席，我以后也跟着称她宋主席）我到了宋家，看到桌子上摆着茶、点心，宋主席坐在沙发上等着我。我一进门，她就站起来拉着我的手，让我坐在她左边的沙发上。

① 此信登载在《宋庆龄来往书信选集》289页。

宋主席对我说："我请你担任中国福利会的秘书长，我想把一些情况告诉你。"随后，宋主席给我介绍了以下几个问题：

"中国福利会原来办公室很困难，解放前更不要说了。陈毅市长把常熟路157号一幢四层楼的房子调拨给了中国福利会作办公用房，而且里面有全套办公桌椅，质量都很好的，全部赠送给中国福利会，很感谢陈市长。"

"中国福利会经费开支，解放前是用捐款开支的，解放后由国家财政开支，现在我们的国家还很困难，各项开支务求节约。我自己就一直很节约的。"

中国福利会办公楼

她同时给我介绍了中国福利会两位外国朋友的情况：

"杰拉尔德·谭宁邦是美国人，他原系缅甸远征军，后在重庆美军电台工作。1946年他带着美共总书记霍尔签字的信来中国福利基金会（中国福利会的前身）找我。我就接受了他来基金会工作。当时需要外国朋友帮助运送大批医药等物资到解放区和敌后游击区。外国人干这个工作较为方便。现在新中国成立，中国福利会不合适用外国人来领导工作，故而将谭宁邦的总干事改为顾问。我希望你来担任秘书长，具体领导中国福利会的工作。谭的薪金是每月300元，你是秘书长和他一样，也应该300元一月薪金。"我听了以后，吓了一跳，我一直是供给制，最近才改为包干制，从未拿过薪金。

我说太多了，只要一半就可以了。宋主席回答我说："这样不好，好像外国人就可以高薪金，中国人就要低一点，影响不好。"由于我再三强调，我是共产党员，薪金太高不好。她勉强同意了。

接下去又介绍了另一位美国朋友耿丽淑女士。宋主席说："解放后，我收到耿丽淑从美国给我的来信，她将受到美国麦卡锡主义的迫害，要求我给她一封邀请信，她可以来中国，避免一场灾难。我想她一定很困难，我还是应该帮助她。耿丽淑长期在美国和上海女青年会工作。我一方面写了一封邀请信，同时将她的来信交给了王炳南（外交部副部长），当得到她来的消息，就请金仲华（时任上海市副市长）去香港接她。耿丽淑没有结过婚，单身一人。应该给她一个什么名义，你和办公室的同志可以研究一下。"

宋主席提出的问题，后来经我们研究，决定成立两个委员会，并经宋主席批准。一个是少年儿童文化教育委员会，请谭宁邦担任顾问；一个是幼儿教育妇婴保健委员会，请耿丽淑担任顾问。

# 中国第一座少年宫

中国福利会前身是宋庆龄于 1938 年在香港创建的保卫中国同盟。解放以后，宋庆龄和周恩来根据新中国成立后的形势变化，确定了中国福利会新的工作方针和任务：在妇幼保健卫生、儿童文化教育方面进行实验性、示范性的工作，同时进行国际宣传。宋庆龄在担任国家领导人的同时，还为中国的妇女儿童福利事业殚精竭虑，日夜操心。中国福利会每个下属单位从设想到建立，无论方案设计，规模大小，地址的选择，服务的对象以及业务人员的来源和培训，具体工作的方针和步骤，她都亲自过问，悉心指导，倾注了大量的心血。中国福利会少年宫的创建，就充分说明了这一点。

1952 年 12 月 11 日，中国人民保卫世界和平委员会与各全国性的人民团体联席会议在北京召开，宋庆龄被大会推选为出席世界人民和平大会的中国代表团团长，副团长郭沫若。

不久之后宋庆龄率中国代表团 59 人到达维也纳，12 月 22 日会议结束后离开维也纳，回国途中到达布达佩斯参观，又应苏联对外文化协会邀请，她率中国代表团前往苏联参观访问。1953 年 1 月 15 日斯大林接见了宋庆龄团长和郭沫若副团长。

宋庆龄对当时苏联的少年宫特别感兴趣。当她看到少年儿童在校外活动的场所——少先宫，参加各种小组活动，既有科技的又有文艺的和体育的，孩子们欢乐嬉笑活泼可爱，给了宋庆龄很深的印象。当时，她心中就想到中国的孩子也应该有这样一个活动场所。

代表团回国后，在北京停留了几天，宋庆龄马上回上海，把我叫到她家。我看到她精神很好。她告诉我，这次在苏联，会见了斯大林，看到他身体很好，谈话很幽默而风趣，特别高兴。她提到在苏联参观少先宫的情况，很想办一个如苏联少先宫那样的校外活动场地。她说："我们不叫少先宫，就叫少年宫。现在主要解决房子与园地，而且要大一些的。"宋庆龄提到原来孙科的住宅，房子很大，而且花园也大。要我派人去看看，现在谁住在那里？调查结果是孙科的住宅已经成为药厂，因此作罢。有人提出将少年宫建在静安公园里，宋庆龄不同意，她认为公园是群众性活动园地，少年宫怎么能侵占呢？后来我们找了几处，都不合适。最后准备请上海房地产局帮助寻找合适的房子时，正巧中国福利会的外籍顾问谭宁邦先生碰到“大理石大厦”的代理人。“大理石大厦”是英国犹太人埃里•嘉道理的私人住宅，1947年他们离开上海到香港居住，这座大厦便一直空关着。得到这个消息，宋庆龄非常高兴，她熟悉这座大厦，1948年11月20日曾借用“大理石大厦”举办过一场儿童福利募捐舞会。宋主席要我们抓紧时间，将它租下来，建立少年宫。不久，上海房地产局将“大理石大厦”作为代管，租给了中国福利会少年宫。于是上海有了中国第一座少年宫。改革开放后，嘉道理的孙子来参观少年宫，感到大厦保护得很好，对用作少年宫很满意。

宋庆龄对少年宫的建立，考虑得非常周到仔细。首先“少年宫”应该由谁来题名，她不同意请书法家来写，她认为请毛泽东主席来书写最为合适。她托林伯渠帮助，当时他是中央人民政府秘书长，让他设法请毛主席在繁忙工作的空隙题写“少年宫”三个字。1953年3月3日，宋庆龄写信给我：“毛主席很忙，我恐怕还要等一些时候，他才有空代我们题名。”1954年6月，宋庆龄从北京带回来毛主席书写的“少年宫”的题笺，并且告诉我：“林老讲毛主席写了‘少年宫’，但未具名，因为办公厅规定，凡是毛主席具名的，真迹要留下，而给复印件。”

筹建少年宫首先要解决干部问题，宋庆龄决定将中国福利会的少年儿

中国福利会少年宫

童文化馆与儿童图书馆合并于少年宫，两处的干部作为基本骨干力量，再适当补充一些对少年儿童教育有经验的同志。

在少年宫创建时期，宋庆龄有以下指示："一面工作一面学习，进行实践，总结经验，进行示范，积极推广，深入进行科学研究。"

毛泽东为少年宫题写的名字

少年宫成立后，随着各项少先队主题集会的举行，众多科技兴趣小组的开展，小伙伴艺术团的建立，很快成为孩子们喜爱的校外活动场所。宋庆龄多次到少年宫视察，当她知道少年宫还缺少文艺演出的剧场和科技活动设施时，又让我去找市委书记处书记陈丕显。陈丕显十分理解宋庆龄关心孩子的心意和注重办事效率的作风，除了迅速落实小剧场和科技楼的建筑外，还根据宋季文副市长的意见，在花园的西南角建造一所天文馆。陈丕显还亲自带人将上述几个建筑的模型送到宋庆龄寓所，请她过目审定后立即动工，很快就建成了。

少年宫的工作是卓有成效的——1960 年，上海各区都成立了少年宫和少年之家。今天，全国各省市都成立了少年宫，少年儿童校外教育已经得到广泛的发展。

# “它和我度过了最艰难的时期”

宋庆龄和中国福利会儿童艺术剧院有着十分深厚的感情。她曾对我说：“我特别喜欢儿艺，因为它和我度过了最艰难的时期。”

解放前，宋庆龄在和国民党反动派斗争的同时，要抽出力量来创建一支专门从事儿童戏剧艺术的人才队伍，无论是钱物上的匮乏，抑或育才上的艰辛，还是斗争中的险阻，其困难是可以想象的。

1947 年 4 月 10 日，儿童剧团在上海兰心大戏院演出儿童剧《表》，剧本是根据鲁迅先生翻译的苏联班台莱耶夫的小说改编的，是宋庆龄亲自认可的；在解放前夕最黑暗的日子里，儿童剧团的小演员们在老师带领下积极排练迎接解放的歌舞节目，是宋庆龄为他们在武进路找了一栋空房子隐蔽起来悄悄进行的。1949 年 5 月 27 日清晨，上海人民举行全市大游行欢庆解放，是宋庆龄派来一辆大卡车，把儿童剧团小演员们送上闹市大街的。人们称这支身穿绚丽服装的少男少女队伍为“孙夫人的秧歌队”。

1950 年，宋庆龄亲自对儿童剧团作出规划，她安排儿童剧团团长任德耀参加中国和平代表团到波兰华沙出席保卫世界和平大会。回国途中转道苏联参加团中央组织的中国青年代表团，到莫斯科、克里米亚等地了解学习苏联少年先锋队的组织状况、活动形式以及集会礼仪等等，并重点考察苏联儿童剧院的情况，以便回国后可以参照他们的经验，加强新中国儿童剧院的建设。宋庆龄还指示要请上海最好的老师为小演员们授课，于是，一批上海戏剧学院和上海音乐学院的专家都成了儿童剧团的兼职教师。

1952 年 9 月 1 日，中国福利会儿童剧团应文化部邀请首次到北京演出，宋庆龄乘坐同一列火车到达北京。10 月 23 日，儿童剧团在中南海政务院小礼堂演出歌舞，毛泽东、周恩来、朱德、宋庆龄等党和国家领导人出席观看。第二天，邓颖超传达了毛主席的话，说看了儿童剧团的演出他很高兴。他邀请儿童剧团在中南海怀仁堂继续演出四天，招待北京市的少年儿童。宋庆龄在儿童剧团离京前，请全体演职员到她在北京的寓所做客，还以茶点招待。她叮嘱剧团领导回去后要认真总结经验，抓紧学习，严格要求，不断提高业务水平，更好地为儿童服务。

1957年，在儿童剧团成立10周年时，宋庆龄批准同意将儿童剧团建设成为儿童艺术剧院。宋庆龄还进一步考虑到，应该有一个固定的演出场所，让孩子们能经常看到各种儿童剧。上海市委领导获悉宋庆龄的心愿后，立即告诉我，同意把延安电影院（解放前为金门大戏院）拨给中国福利会，改建为儿童艺术剧场。宋庆龄十分高兴，说："这样为孩子服务的想法是对的。"于是我国第一座为儿童演出的剧场在上海诞生了。

宋庆龄不仅关心着儿童艺术剧院的发展，她对演职人员也是关怀备至。解放前后她经常到剧团看望，还和小演员一起包饺子、过春节。她知道有个男孩子洗脸不洗脖子和耳朵根，就特别关照他要注意清洁，把脖子和耳根洗干净。她发现第一批进团的一个12岁的孩子，自幼患有哮喘病，每当发作时十分痛苦。宋庆龄嘱咐江兆菊医生带他到一位在上海开业的美国大

中国福利会儿童艺术剧场1958年在上海落成

夫诊所就医，解放后又请苏联医生诊治。1958 年，当她获悉这位已经担任小提琴演奏员的同志被打成“右派分子”时，宋庆龄特地关照我，说：“这个孩子是有哮喘病的。”正是她的一句话，这位被错划的同志才没有被下放到北大荒劳动，而是继续在乐队担任原来的工作。

“文革”期间，宋庆龄得不到各基层单位的消息，忧心如焚。我那时已被隔离审查，也不可能向她汇报工作。1973 年宋庆龄回沪短期治病期间，仍惦记着基层单位的情况。一次她乘车经过华山路儿童艺术剧院门前，特意嘱咐司机放缓车速，撩起窗帘察看，当她看到“中国福利会儿童艺术剧院”白底红字的牌子依然挂着，似稍放心。这一幕恰巧被站在大门口的同志看见，忙不迭说：“宋主席来了！”边把大铁门打开，准备让轿车进来，结果轿车加速驶去了。“文革”以后，当时担任宋庆龄警卫秘书的杜述周证实确有其事。杜述周还说：“首长还让我去国际和平妇幼保健院查看，我看到医院仍在正常工作，回来向首长汇报，首长才放心了。”这个消息很快传开了，据说当时“四人帮”在上海的爪牙正准备以“归并”的名义，将儿艺从中国福利会划出去。得悉宋庆龄曾到儿艺看望，“归并”也就不再提起了。

1979 年 3 月，儿童艺术剧院带了新排演的《童心》赴京参加建国 30 周年献礼演出。宋庆龄高兴地说：“我的剧团来了，我一定要去看戏。”那年她已 86 岁高龄，仍轻车简从，在几位工作人员陪同下到达剧场，和小观众们一起看戏。演出结束后，两位演员下台向她献花，她老人家摇摇头说：“我要上台！”她赠送给演职人员一个大花篮，以示祝贺。演员们围着她，边鼓掌边流泪，他们都十分明白，宋庆龄亲临剧场来看首场演出，是要告诉大家，她创办的儿童剧院要永远为儿童服务。

# 尊重知识　尊重人才

1951 年 9 月 18 日，宋庆龄在北京接受了“加强国际和平”斯大林国际奖金。她在获得奖金十万卢布的汇款单背面批示：“此款捐赠中国福利会作妇儿福利事业之用。”

早在解放之前，中国福利基金会就在沪东、沪西的三个儿童福利站内设立保健室，对贫苦儿童和纱厂女工开展医疗卫生服务。1950 年，根据宋庆龄指示，把三个保健室合并组建成两个妇幼保健站，为沪西数十家纺织厂和贫民区的妇女服务。她们深入工厂、走街串巷，上门为孕妇作产前检查，开展新法接生，指导科学育儿，服务范围涵盖地区 7.5 万人。但由于保健站设施简陋，没有病房和床位，工作难以进一步开展。在妇幼保健站的基础上，建立妇幼保健院，成为形势发展的迫切任务了。

1952年落成时的中国国际和平妇幼保健院

中国福利会按宋庆龄的批示，将十万卢布奖金全部投入妇幼保健院的建设费用。经过一年的努力，于 1952 年 9 月 18 日正式启用。初创的中国福利会妇幼保健院地处普陀区长寿路 170 号，占地 3000 多平方米，职工 107 名，设有 50 张床位，是一所初具规模的专科医院。1956 年迁至徐家汇衡山路 910 号。宋庆龄将其定名为“国际和平妇幼保健院”。它体现了“加强国际和平”奖金的内在含义，也是对保卫中国同盟支援敌后抗日根据地国际和平医院（白求恩大夫为国际和平医院的第一任院长，柯棣华大夫为第二任院长）的纪念。

宋庆龄深知要把医院办好，必须选择一位合格的管理者和带头人。她提名在抗战时期就熟悉的江兆菊医生担任院长。

江兆菊是北京协和医院医学博士，曾任中央助产学校校长，曾去苏联和欧洲接受培训。抗战爆发后，江医生参加中国红十字会医疗救护总队，任第 29 中队队长，曾去延安等地开展医疗救护工作。1949 年 8 月，应宋庆龄邀请参加中国福利基金会工作，是一位经过战火考验的资深医务工作者。

中国福利会各基层单位领导干部，历来由宋庆龄主席任命。随着党组织的健全和完善，干部的任命工作，需报请上级干部管理部门批准后再下文正式任命。当我们把江兆菊任命的意见上报以后，有关领导部门即向我们提出，认为江兆菊不宜担任这项职务，理由是她父亲江亢虎是个大汉奸，曾在汪伪政府内担任考试院院长，抗战胜利后被关押，要我们向宋庆龄汇报后另提人选。

这件事使我们大伤脑筋，但上级党委的意见不能不听。终于在一次向宋庆龄汇报工作之后，分管干部工作的领导很委婉地提出，是否可以将江兆菊担任院长的事再研究一下。宋庆龄一开始感到诧异，接着就问为什么？这位同志吞吞吐吐地表示：“主要是江兆菊的社会关系比较复杂。”

宋庆龄一听心里就明白了，她环顾一下到会的同志，然后以她特有的幽默反问道：“她的社会关系有没有我的复杂？”谁都知道，所谓的社会关系，在当今中国，宋庆龄恐怕是最“复杂”的了。接着宋庆龄莞尔一笑，会议气氛顿时缓和下来。宋庆龄这种不以僵硬的教条和形而上学的观点看人看事的原则立场，给大家留下十分深刻的印象。

江兆菊医生担任院长以后，推行了一系列组织措施和新的工作方法。1953年，宋庆龄又聘请上海圣约翰大学医学博士、主任医生张佩珠担任副院长。她们两人带领全院医务人员加强技术培训，落实产前检查制度，孕妇死亡率大大降低。1960年，保健院被评为全国文教卫生先进集体。

宋庆龄尊重人才、选拔人才的思想是一贯的。1950年，刚成立一年多的中国福利会幼儿园部分小朋友感染了猩红热，宋庆龄非常焦急。她知道原来的领导人对幼儿教育业务不熟悉，经多方了解，亲自物色了刚从美国纽约哥伦比亚大学获儿童发展系硕士学位留学归来的陈善明担任园长。她到职后，带领教职员工探索了一套寄宿制幼儿园保育、教养的经验，培养了一批优秀的幼儿教育老师。1960年，幼儿园被评为上海市文教系统先进集体。

与此同时，宋庆龄对原来担任园领导的同志并不歧视，她嘱咐我一定要很好安排。我与市里有关部门多次联系，将其调到新的岗位工作，逐步担任适合其特点的领导职务。

宋庆龄对中国福利会内人事问题的处理是十分慎重细致的。大约在50年代中期，有一次宋庆龄交给我一封信，是牛惠霖的遗孀写的。信内表示自己年岁已大，孤身一人生活无人照顾，要求将分配在河南当医生的女儿调回上海工作。宋庆龄在信件上没有任何批示也未谈口头意见。我知道牛惠霖是宋庆龄的表哥，是早年留美归来著名的外科大夫，当年红军将领陈赓腿部负伤，一条腿几乎保不住了，特地来沪求医，是宋庆龄秘密安排牛惠霖亲自为陈赓进行手术治疗，保全了伤腿得到康复。现在他的夫人年纪大了需要照顾，应当予以解决，就由中国福利会出函商调，不料对方不同意。后来我找到中国人民救济总会秘书长伍云甫同志，向他反映情况，最后通过卫生部将她调到保健院工作，解决了他们的困难。

# 科学研究是使中国福利会得到永久存在的前提

1950 年 7 月，宋庆龄就中国福利会名称问题致信执行委员会委员："经周密的考虑和协商，我已采取行政决定，正式将我们组织的名称改为中国福利会（China WelfareInstitute），特此向你们通报。"接着宋庆龄强调指出："改名的主要原因是由于'研究机构'（1nstitute）这个字体现了我们组织的最终目的。"

这是宋庆龄根据新中国妇女儿童福利工作的需要，按照实验性、示范性的要求，对中国福利会的历史定位。接着，宋庆龄对中国福利会的下属机构重新作出布局。用今天的话来说，就是资源重组，开拓创新。她把解放前的三个儿童福利站发展为少年宫，保健站扩展为妇幼保健院，儿童剧团演变为儿童艺术剧院，同时还成立了几个新单位。到 1956 年前后，中国福利会妇女儿童工作系列的基本格局已经形成，各项工作，有序进行。它的特点是：以优生、优育、优教为红线，把妇幼保健（国际和平妇幼保健院）、学前教育（托儿所、幼儿园）、校外教育（少年宫）、儿童文化（儿童艺术剧院、儿童时代社）有机地连接、贯穿在零岁至十二岁儿童成长的过程中，培养他们成为社会主义事业的接班人。

1956 年，毛泽东主席发出了"向科学进军"的号召。宋庆龄根据中国福利会的特点，提出了"加强科学研究"的要求，当时，少年宫根据校外教育的实践心得，撰写了《上海少年宫工作经验》，为团中央制定的《关于少年宫、少年之家工作的几项规定》提供了具有参考价值的数据和理论观点。团中央编辑出版的《怎样作好儿童校外工作》一书编入了少年宫总结的《让少年宫成为儿童喜爱的家》等三篇论文。

中国福利会托儿所在幼儿中进行三浴（日光浴、空气浴、冷水浴）锻炼，促使幼儿体格强壮，上呼吸道感染率明显降低。保健院广泛开展工厂、地区妇幼保健宣传教育，普及卫生知识，落实产前检查制度，1956 年 1 月起，连续 16 个月没有发生产妇死亡。宋庆龄对这些工作成果十分赞赏，在 1956 年年底，她再次指出，中国福利会的工作"正进入一个新的发展阶段，它将与科学研究联系起来”。1958年，中国福利会幼儿园通过科学育儿的实践，探索幼儿养成教育的途径，编写出版了《我们是怎样培养祖国的花朵的》，宋庆龄非常高兴，为此书作序，称赞这本小册子“是党的教育方针贯彻在幼儿教育中的点滴经验，是幼儿园工作人员辛勤劳动的结晶”。

实验性、示范性，加强科学研究，是中国福利会的基本方针，宋庆龄对此是抓得很紧的。1959年，她于2月15日、4月4日和9月5日三次直接给我写信，中心思想就是要把科学研究放在全年工作的突出位置。她说全年的工作“主要抓工作质量和科学研究”，“在提高质量的基础上进行一定的科学研究，倒过来又促进工作质量的提高”。科学研究的方针是“为工作，为生产服务。解决工作中存在的普遍性问题”。在做法上“要从低到高，从初级到高级”。

宋庆龄的这些设想和要求无疑是非常正确的，我们也努力去贯彻。可能她感到力度不够，1960年初，她审阅了各单位全年工作总结之后，于1月26日又写了《给中国福利会同志们的信》，直接写信给全体职工，这是她从未有过的。在这封长达几千字的信里，她语重心长地指出，如果不能克服保守思想，那就有使我们成为“矮子”的危险。而科学研究工作是使中国福利会得到永久存在的前提，成为一个继续长期存在的机构。

宋庆龄深入浅出、鞭辟入里的分析，使我们领导班子十分感动。我作为长期在她领导下的工作人员，更体会到她对自己创办的中国福利会有着极其深厚的感情。她十分珍惜从保卫中国同盟走到今天的光荣历史，但又从不炫耀她个人的功绩。她对新中国的妇女儿童事业十分执着，倾注了全部爱心。在这封信的最后，她高瞻远瞩地启迪我们：“科学研究工作刚刚萌芽，可是它的嫩苗已经清楚地表示出来”，“这些嫩苗就是中国福利会的未来”。

写完这封信的第二天，亦即1960年1月27日，宋庆龄提出要到少年宫去。我得到这个消息后急忙赶到少年宫迎接，这一天正是农历的大年三十，第二天就是春节，少年宫里张灯结采，喜气洋洋。上午9时刚过，宋庆龄在金仲华副市长陪同下来到少年宫，孩子们把宋奶奶迎进少年厅。小伙伴艺术团表演了合唱、朗诵、舞蹈等节目，宋庆龄兴致勃勃地欣赏着小演员们的艺术演出，每演完一个节目，她都轻轻地鼓掌，脸上挂着满意的微笑。当

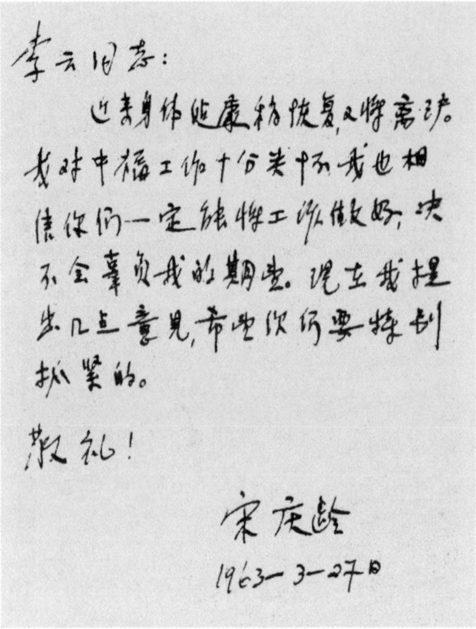

李云同志：

近来身体健康稍恢复，又将离沪。我对中福工作十分关怀，我也相信你们一定能将工作做好，决不会辜负我的期望。现在我提出几点意见，希望你们要特别抓紧的。

敬礼！

宋庆龄
1963-3-27日

1963年3月27日，宋庆龄致李云的信

最后一个节目《各族儿童大团结》演完之后，她十分高兴，连连鼓掌点头，示意小演员们到她身边去。她亲切地称赞说："你们跳得很好，很好！"并和这些穿着不同民族服装的小演员们合影。那天宋庆龄情绪非常好，她并没有和我谈有关工作的问题。但我心里很清楚，这是她到基层视察的一种方式，督促我们把各项工作做得更好。

若干年之后我才知道，原来这一天是她67岁生日。宋庆龄把中国福利会看作是自己的家，来到孩子们中间度过自己的生日，享受着家庭式的温馨，这是极其难得的一次，然而也是她特有的风格。

1965年8月28日，宋庆龄又一次直接给我写信，再次强调加强科学研究工作，指示我们要"培养一批有科学理论，又有实践经验，并具有一定政治觉悟的科学研究的青年干部"。可惜，由于"文革"的爆发，她提出的重要任务被长期搁置起来了。

## 通过执行委员加强对中国福利会工作的支持

我担任中国福利会秘书长，最初满腔热情希望把工作做好，后来越来越感到困难重重。中国福利会主要业务有：儿童戏剧、妇婴保健、校外教育、出版、幼儿园、托儿所等，等于一个小小的教卫办。如何领导这些业务是一个问题。我和办公室主任商量，提出一个建议：将中国福利会各单位分别由各局直接领导业务，名义上还是挂中国福利会的牌子，行政与经费我们来管。例如，国际和平妇幼保健院交给卫生局，儿童艺术剧院交给文化局，少年宫交给团市委，儿童时代社交给出版局，幼儿园交给教育局，托儿所交给卫生局等，这样将中国福利会各单位的工作纳入国家统一计划之内。

我利用宋庆龄派我去北京出差的机会，将这份建议带到北京征求中国救济总会秘书长伍云甫的意见。救济总会的主席是宋庆龄，因此与中国福利会关系密切，中国福利会的经费开支也放在救济福利费项目中。这份建议原是向他征求意见的，不料他将这个建议送交给了周总理。

过几天，我已准备回上海了，齐燕铭（时任国务院副秘书长）来找我，他说："周总理看了你们的建议，笑起来说：'怎么怎么？她人还在，你们就想把中国福利会拆伙了。领导工作有困难，可采取一个办法，调整中国福利会的执行委员，新的执行委员可以挑选与中国福利会工作有关的各局的领导，今后通过执行委员加强对业务工作的支持，但不要安排北京方面的同志担任执行委员，那是空的挂名的，不解决什么问题。'"后来，中国福利会执行委员邀请了上海市各有关局的领导，还请了柯庆施和陈丕显两位书记前后担任了执行委员。宋主席还请齐燕铭担任执行委员，齐燕铭不敢马上接受，请示周总理，总理说："既然夫人要你担任，你就接受下来。"

齐燕铭向我传达了周总理的意见后，问我："事情办得怎么样了？能不能等到下星期，总理在下星期内抽出一点时间找你和中国建设杂志社（这是宋庆龄创办的外文杂志）领导谈谈。"我说："已经到北京一个多星期了，不可能再拖延时间了。总理很忙，能给我们谈是最好不过了，但宋主席是急性的人，办事要快，最反对拖拖拉拉。我怕时间过长不好，我还是马上回上海，总理有什么指示，请你给我传达。”

大约过了半个多月，齐燕铭到上海，他向我传达了周恩来总理的指示：“宋庆龄存在就有政治影响，她要办什么事，你应该想在前头，帮她办好。”齐燕铭说：“总理要我特别关照你，要从政治上着眼，不要打经济上的小算盘。”周总理的指示，我牢牢地记住了。

# 宋庆龄对新中国的建立欢欣鼓舞

宋庆龄对新中国的建立欢欣鼓舞。她说："毛主席在天安门城楼上宣布中华人民共和国的成立，在我内心，总有一种难以抑制的欢欣。回忆像潮水般在我心头涌起，许多同志牺牲自己的生命，换来了今天的光荣；另一个念头紧紧抓住我的心，孙中山先生毕生的努力终于结成了果实。我亲眼看见由于中国共产党和我们伟大的领袖毛主席的正确领导和真正的革命精神，推翻了三座大山，成立了中华人民共和国。"

"我对毛主席、刘主席、周总理、朱总司令等非常敬佩和信任，对他们领导我们国家，我是绝对放心，我可以多放些精力于中国福利会了。"因此，解放后发布的各种政策和开展的各种运动，她都是坚决拥护的。1951 年 12 月和 1952 年 1 月的"三反""五反"运动，她在中国福利会认真贯彻，挖出一个大贪污犯和几个从犯。这伙人在解放前夕竟将中国福利会计划运到新四军的一部分药品，从仓库里转移出去卖给自己亲戚开设的药房，从中牟利。当这些蛀虫挖出来时，宋主席很生气，亲自批示：严办。

在"大跃进"时期，中央号召大炼钢铁，宋庆龄也积极响应。在上海住房的后花园里建立了一个炼钢炉，她还和工作人员一起炼钢。

1957 年反右派斗争，事前周总理将这次运动的要求、目的向她作了通报，并征求她的意见。她认为通过运动对全国人民进行一次教育，对反社会主义分子狠狠打击，既挽救了他们，又巩固我们内部。宋庆龄对反右派斗争是赞同的。后来打击面越来越扩大，不仅有解放前长期追随党的左派分子，还有些长期革命的老党员，她想不通了。她认为应该打击孤立少数顽固分子，团结多数。她表示要写一篇文章，经过再三考虑，宋庆龄写了一篇《团结就是我们的力量》，发表于她创办的英文刊物《中国建设》杂志第 9 期上。文章说："我们人民当前的目标就在于改善社会主义民主制度，使它更深刻、更广泛。我们今天的愿望就是帮助共产党，在建设社会主义中支持它，因为事实证明社会主义是解决中国的贫困和落后的唯一办法，是我国在国际上独立与尊严的唯一保证。""我们上海工人曾用一句简短的话把事情说明白：没有共产党，就没有新中国。”“学习了如何全面看问题，如何分辨什么是人民内部的矛盾和什么是敌我之间的矛盾。至于在那些少数人中间，我们也会把那些一时在思想上离开了社会主义道路的人，那些还没有接受社会主义的人同那些在积极阴谋破坏社会主义的人区别开来。”还说，“我们必须而且也一定能够在曾经把中国从悲惨的绝路带到进步的大道上来的共产党领导之下，向着社会主义社会前进。我们一定要像保护生命一样来保护我们人民的团结。这就是我们不可摧毁的力量。”

当时，周总理将这篇文章交给《人民日报》翻译后登载。有人反映宋庆龄思想右倾，可是历史证明她是对的。我们反右派斗争确是扩大化了，混淆了两类不同性质的矛盾。在党的十一届三中全会后，得到了彻底的纠正。

# 潘汉年案宋庆龄极为震惊

潘汉年是党中央继冯雪峰之后秘密派到上海担任统战工作的领导同志。上世纪30年代后期，是我的直接领导。潘汉年与宋庆龄一直保持着十分良好的关系，党中央与宋庆龄的联系，有许多是经过潘汉年转达的。宋庆龄到香港后不久，潘汉年于1938年春节后也到达香港，开展秘密工作。

潘汉年

解放后不久，1950年6月，宋庆龄约定时间要我去兰心大戏院，观看儿童剧团演出的《小雪花》，那天潘汉年夫妇也去了，坐在宋庆龄右边，我坐在她左边。

1955年春季，在北京召开中国共产党全国代表大会，会议三项内容之一是关于高岗、饶漱石反党联盟问题。会上毛泽东强调，凡是和高、饶问题有某些牵连的或历史上有问题而没有交代的高级干部，都应主动向中央讲清楚，中央一律采取欢迎的态度。潘汉年即主动交代了1943年在李士群、胡均鹤挟持下在南京会见汉奸头子汪精卫一事，由于种种原因一直没有向组织汇报。此事引起毛泽东震怒，立即秘密逮捕了潘汉年，对外严加保密。当时正开一届全国人大九次会议，上海代表团返沪的火车上，市委第一书记柯庆施给全体人员统一口径，说潘汉年出国去了。

周恩来给宋庆龄当面介绍了有关情况，宋庆龄听了大吃一惊，没想到经常接触的共产党领导人，居然是内奸。从北京开完会回上海后，问我知道不？我说不知道，她给我讲了，并说李云啊，你要当心点！1963年1月9日最高人民法院以内奸、反革命、国民党特务罪终审判决潘汉年有期徒刑15年，剥夺政治权利终身。“文革”中，“四人帮”又在上述罪名之前，一律冠一个“大”字，使之受到更大的迫害，关押在茶陵洣江茶场。1977 年 4 月 14 日潘汉年在湖南因病去世[①]。

因潘案株连而被捕的就有 830 余人，作为潘汉年当时的直接下属，有一段时间几乎天天和他见面的我，还算幸运，只是取消了原定去瑞典参加世界妇女大会的安排，这恐怕与我那时在宋庆龄身边工作有一定关系。

① 1982 年 8 月，中共中央发出《关于为潘汉年同志平反昭雪恢复名誉的通知》。

# 庐山会议批判彭德怀对宋庆龄震动很大

1959 年夏庐山会议对彭德怀的批判，对宋庆龄的震动很大。当时她在北京，写了一封信给我（可惜这封信不在了），信中说："我很紧张，夜里做噩梦。"信末嘱我"看后烧毁"，现在还记得很清楚。

早在 1955 年 2 月，宋庆龄曾与彭德怀等一起在旅大慰问苏联驻军。1957 年 11 月 14 日至 16 日，12 个社会主义国家共产党和工人党的代表在莫斯科举行会议，16 日至 19 日举行了 68 个共产党和工人党代表会议。中国共产党派出了以毛泽东为首的代表团。代表团成员有：宋庆龄、邓小平、彭德怀、乌兰夫、陈伯达、杨尚昆、胡乔木。宋庆龄作为党外人士成为中国共产党的代表团成员，参加国际共产党会议，她是非常感动的。真正体会到党和毛主席把她当作自己同志，她的心情特别愉快。

当她一到莫斯科，就给我寄来一封信，附上苏联十月革命 40 周年的纪念邮票。回国时带来了苏联纪念十月革命 40 周年的信封，我又分送给一些

1953年9月，宋庆龄与彭德怀亲切交谈

同志，让大家分享她的喜悦。她与彭德怀接触中，认为彭德怀为人豪爽、对人诚恳，印象很好。1958 年《儿童时代》第 20 期刊登了彭德怀的题词：“儿童是祖国的花朵，是共产主义事业的继承人，教养他们爱清洁，爱劳动，爱学习，尤其是学好人好事，鄙视坏人坏事，使之心身健康，这是大家的责任，也是儿童的志愿。”

《儿童时代》是宋庆龄在 1950 年 4 月创办的，是小学五六年级的校外读物，每期出版，宋庆龄都看过。当她看到了彭德怀的题词后曾对我说:“彭将军跟随毛主席，打了几十年的仗，对新中国建立，他有极大的功勋，我熟悉彭将军，很敬佩他。他能为《儿童时代》题词，很难得。”庐山会议批判彭德怀为“反党分子”，宋主席思想不通了。

# “文革”中的宋庆龄

“文革”开始，宋主席对此很不理解。1966年九十月间接到她的来信，她告诉我：“本来我要刘某某（中国福利会派给她的一位秘书，主要处理中文信件，英文信件等宋主席自己处理）写信，不料她拒绝，我不得不自己写信了。”并嘱咐我:“你赶快检查工作，作自我批评，就可以很快恢复工作……”没有多久，宋主席的原秘书、已退休的黎沛华打电话给我（当时我的电话尚未被拆）说：“夫人（指宋庆龄）非常挂念你，要我转告你，你快快检查工作，只要检查工作中的缺点或者错误，就没事了……”

当时我正在被批判，帽子一大堆：“思想右倾”“只要宋庆龄的领导不要党领导”“以宋压党”等等，其实中国福利会的年终工作总结报告，首先送给市委宣传部石西民部长审阅，然后再送给宋庆龄主席的。而且每次的报告，开头都写“中国福利会在党的领导下”，石西民部长看后都给我们划去，他说：“你们不必每份报告都写上‘在党的领导下’，宋也是在党的领导下的。”现在市委宣传部派出的文革领导小组把这说成是我的罪状。更为严重的是勒令我将宋庆龄写给我的信全部交出来。我回去与老伴徐强商量怎么办？徐强认为这些信件决不能落到这些极左分子手里，还是寄给周总理好。

当夜，我将40封宋主席亲笔写的信全部装入文件袋，连同一封我给周总理的信，寄给了周总理办公室主任童小鹏。这些信是去四川路桥堍的邮政总局用挂号寄出的，一张邮局收据，后因造反派抄家而遗失。

大概也是这个时间，我的大弟弟祝修鸿告诉我，他经过万国公墓时，看到宋庆龄母亲的棺木被造反派挖出来，把遗骨丢在地上，棺木被农民抬走了。我知道宋庆龄对她母亲倪珪贞的感情很深，连夜把情况写信告诉周总理。几天后，万国公墓军事管制了。后来听说，这一天邹韬奋的夫人沈粹缜冒险拍了被毁的宋氏墓地照片，寄给了宋庆龄。宋庆龄即刻给周总理写信，反映情况。这样，宋氏墓地才得以恢复和保护。

宋主席很关心我的处境和中国福利会的工作，她自己也未能躲过这场浩劫，也受到一些冲击。首先是她的住址被派出所暴露给了红卫兵（系宋庆龄在北京的寓所，后派出所受到批评），有部分红卫兵冲她的寓所大门。周总理得到消息后，马上通知取下北河沿46号的门牌，同时增加解放军保卫，并派出一位处级干部坐镇在那里。

不久，宋主席身边的工作人员也起来“造反”。她当时的一位警卫员（又叫警卫秘书）带头要宋庆龄跟大家吃大伙房的饭菜，要她自己排队拿饭菜（当时她已经70多岁，而且有关节炎）。有人还提出来要剪宋庆龄的发髻，说梳巴巴头，是封建思想。宋庆龄所以一直梳成发髻，是母亲的遗命，宋家三姊妹都梳着发髻，如果真要强迫她剪去，那她会很伤心，受到很大刺激。幸亏警卫局知道后，很快解除了那个警卫员的工作。

据说警卫局考虑到这个警卫员随身带枪，如铤而走险，危险性很大，为不出意外，他们通知警卫员去汇报工作，一到办公室门口，左右两旁出来两人，将他两手臂抓住，把他随身带的手枪摘下来，同时宣布撤销他的警卫员的职务，另派一位接替他的工作。宋家里的勤务员也陆续换去，这样家中才太平了。

但有一段时间外面不断地传来高音喇叭声，使一向喜欢安静的宋庆龄不胜其烦，而且处于一种与外界隔绝的状态，不知道外面的消息，也使她十分苦闷，不得不要工作人员给她买一些小报看。有时她弹弹钢琴或拿起画笔画画大公鸡、毛茸茸的小鸡和花卉，没有画谱，随手作画，以此来打发日子。她曾送给秘书张珏一幅《雄鸡图》，画中的雄鸡昂首挺立，气概不凡，表现了宋庆龄在那个特殊时期的内心情感。

宋庆龄画的雄鸡图

中国福利会各单位（少年宫、儿童艺术剧院、国际和平妇幼保健院、儿童时代社、幼儿园、托儿所、儿童艺术剧场）也纷纷起来“造反”，各种“造反队”风起云涌，各个单位的领导被批斗，我作为中国福利会的秘书长，首当其冲，被作为头号走资派连续批斗，腰部受伤。幸亏我大女儿徐平分（当时才 18 岁）及时把我背到延安医院三楼（现华东医院西楼）治疗。即使有病假，也逃不掉批斗的命运。不久我被隔离在儿童艺术剧院，继续批斗。以后和大批所谓的“走资派”一起被移到漕河泾的少年犯拘留所严密隔离，外面情况一点都不知道。一年多以后，又转回儿童艺术剧院的隔离室，监督劳动，白天劳动，晚上隔离。一直到 1971 年 2 月方才允许回家，叫做撤消隔离，但继续监督劳动。

回到家里后，方才晓得，我被隔离，家中并不知道，去问中国福利会，那些造反派竟回答“不知道”。父母都被隔离，孩子们非常着急，就写信给宋主席。当时两个女儿平分、平梅希望参军，请求宋妈妈（孩子们对宋庆龄的称呼）想想办法。在那种困难情况下，她亲笔给孩子们复信说：“我相信你们的妈妈是好人，不要着急，她会回来的。”但对“参军”，她表示出一种无奈。孩子们以后给她写信，她总是及时回复。

后来，我虽然尚未“彻底解放”，但可以回家过春节了。平梅写信向宋妈妈报喜。1971年3月21日平梅又收到她亲笔复信。信中说:“谢谢你的来信。我很高兴听到你已经看到妈妈了，并且和她一起过春节。你一家都好吗?你的进步是很快，拉练后又投入新的战斗中去，预祝你迈步前进！你信写错了门号，所以直到今天才收到的。早几年前已搬到四十六号来了。写上林泰收较好。”信尾署名“林泰”。宋庆龄这种对人的关怀对孩子的爱护，说明她的崇高品德和大无畏的精神，我永远铭刻在心上。

这里附带说一下“林泰”，这是宋庆龄使用过的一个别名。据讲 1927 年秋至 1929 年春她流亡苏联和德国时,就使用“林泰”或“林太太”了。当时，她的身份是保密的。“文革”以后的一段时期内，宋庆龄给亲朋好友的私人信件中，经常用“林泰”署名。看来，她不希望暴露自己的真实身份，用别名是一种安全措施。但我从来没就此事问过她。

## 自奉俭朴　作风严谨　爱护干部

宋庆龄作为国家领导人，平日生活俭朴，饮食与服饰都很简单。解放前国民党强给她中央执行委员的头衔，但她从未拿过他们的薪金，她是靠孙中山先生逝世后的抚恤金的利息过生活，节约是可以理解的。

解放后，她享受国家行政一级工资，月薪 579 元，和毛泽东、周恩来、刘少奇的标准一样。国家经济困难期间，毛泽东、周恩来、刘少奇等又主动把工资下调至三级，即月薪 404．80 元。宋庆龄当时不是共产党员，所以工资没动。即使这样，她还是照样很节约。早餐两片面包或一个大饼一杯咖啡（后改喝茶），中晚餐两三碟小菜一碗汤。因为她身上的荨麻疹越发越厉害，据说吃虾、蟹要发病，虽然她很喜爱吃，也只能割爱了。只吃鱼或少量的肉食，基本上以蔬菜为主。

平时家里一个盒子、一根绳子、一个本子，都要李妈放好，她说："以后会有用的，不可丢弃。"李燕娥的主要工作是伺候宋庆龄，梳头、洗衣服、房间的清洁工作。

不幸，李妈患上皮肤过敏症，一碰肥皂水，手上发红发痒。这样宋庆龄不得不再请一个保姆，叫钟兴宝。钟原在幼儿园工作，是沈粹缜（邹韬奋的夫人，她们是同乡）介绍的。

宋主席对我说："原来李妈工钱 25 元（当时很高的），现在钟兴宝的工钱要 45 元一月，当然李妈也要和她一样，每月两人工资支出将近 100 元。"

我说："这两人的工资可以由公家负责。"她说："不行，我不愿增加国家的负担。"几十年来，宋庆龄一直个人承担她身边保姆的工资。

一次为了迎接中国福利会 20 周年纪念。我们请求她能照几张相片。宋庆龄同意了，但希望请上影厂的黄绍芬给她拍摄。经过上海电影制片厂同意，黄绍芬带来助手林某，还有一套摄影棚的灯光设施。等到摄影结束，我送走了黄绍芬等人以后，宋主席对我说："下个月的电费不得了。"宋庆龄这样自奉俭朴，叫人感动不已。同时，她对中国福利会的工作人员也要求节约，以减少国家的负担。

1961年2月18日收到宋庆龄的来信说："看了去年的决算报告，知超额完成了去年经费预算压缩标准的百分之四，这是令人高兴的。希望同志们继续保持艰苦朴素的优良作风，在支出方面，可少用或不用的，就少用或不用，以便为国家多积累一些资金。"

我知道这是宋庆龄一贯的精神，在中国福利会领导机关，尽量节省，我们把好的东西给下面单位。如电风扇，陈旧的我们领导机关用，新的好的给幼儿园托儿所孩子使用。三年自然灾害期间，想尽办法让孩子们吃上牛奶和鱼肝油。宋主席经常教导我们："要为孩子们成长创造最好的条件。"我们一直牢记，尽力工作。

宋庆龄工作严谨，一丝不苟，讲究效率，有什么报告，有什么问题，向她请示汇报，总是第二天或第三天就批复和解决，绝不拖延。不论谈什么工作还是开会或约会都极遵守时间，对有的人拖拖拉拉不遵守时间，她非常反感。

宋庆龄经常事先不通知便深入到各单位检查工作，她认为这样容易发现问题，及时纠正。例如，一次她去幼儿园检查工作，当时幼儿园还在虹桥路，在厨房发现一只苍蝇，当即责令将纱门纱窗修好，订立严格的卫生检查制度。

她对干部要求严格，但是对干部又是非常爱护，细致体贴，又有巧妙的批评。国际和平妇幼保健院有位领导同志，在解放战争中，一只眼睛被炸伤，经常发炎。她知道后，十分关心，特地派人与北京协和医院联系，通知她去北京治疗。

国际和平妇幼保健院院长张佩珠是妇产科专家，一心一意扑在工作上，平时很少休息，甚至连春节也极少在家里过。在她的领导下，有一年住院的妇婴全年无死亡。宋主席得知后非常赞赏她的领导成绩。一次她到宋主席家里，刚要坐下来，宋主席亲自把一个靠垫放在她的腰后，张院长十分激动，悄悄地对我说："宋主席这样爱护干部，如果我不把保健院工作做好，那太对不起宋主席了。"

又一次她把中国福利会的一些领导，都请到她家里吃饭（后来才知道那一天是 1 月 27 日她的生日），特地夹了一只鸡腿给平时做事稳重而慢慢腾腾的同志，说：“吃鸡腿，可以跑得快些。”这幽默风趣的言语，使在座的人都笑了。宋庆龄用她一颗真诚的心和深厚的爱，使得在她身边工作的人时时感到温暖，得到教益，心情舒畅地工作。

# 为人温和谦虚，从不愿突出自己

宋庆龄为人温和、谦虚、平易近人，从不愿意突出自己。中国福利会成立 20 周年时，准备搞一个图片展览会，希望展出一张她个人的相片。她不同意，对我说："突出个人不好。"

她创建的中国民权保障同盟，营救了大批被国民党逮捕的革命者和共产党员。我知道王学文①同志的女儿及其他几位革命青年是在宋庆龄帮助下被释放出来的。当我问宋主席时，她说："不知道，忘记了。"她营救的人很多，记不得也很自然的，但另方面她为人谦虚，即使记得也不愿说的。宋主席对我说："营救他们出狱，继续为革命斗争，这是我的心愿，不记他们的姓名。"

何香凝准备写自传时，把原来她的秘书黎沛华请回去，帮她回忆过去历史，我就想到宋庆龄也应该写自传，因此我写了一封信给她，她看后表示要保留自己写的权利。宋主席的文章写得很漂亮，又快又好，不过她只会用英文来写的。但自传却迟迟不写，一方面是健康原因；另方面，她认为自己写自己，难于下笔。她说："何必宣传自己，有什么值得宣扬的？"党内外有不少人想写宋庆龄，都被她回绝了。

一直到 1980 年 3 月 15 日和同年 9 月 25 日，她才给爱泼斯坦写信："我想请你在我死后写我的传记，我对别人不像对您这样信任"，"……所有自传都免不了表现出自我中心，所以还是让我所信任的朋友来写我的传记……"谁也没有想到仅过了几个月，连写作计划与准备工作还未动手，宋庆龄就匆匆地走了。

宋庆龄是伟大的女性，她对中国的新生，作过很大的贡献，她的自传怎么写也不过分的。1938 年 6 月，正当日本帝国主义大肆进攻中国，中华民族生死存亡的关头，宋庆龄在香港成立保卫中国同盟，打开了中国共产党领导下的敌后抗日根据地面向全世界的通道，壮大了中国抗日民族统一战

① 地下党江苏省委领导人之一。

线的力量。宋庆龄基金会主席、曾任副总理兼外交部长的黄华同志评价说："这是她伟大一生中最重要贡献之一。"

1945 年 8 月 28 日，毛泽东、周恩来、王若飞等由延安飞重庆，同国民党当局谈判。8 月 30 日下午，毛泽东专程到宋庆龄寓所，深情地对她说："孙夫人，边区人民让我转达他们对您的问候和谢意！在抗日战争最艰苦的年代里，您为边区、为八路军和新四军提供了最急需的药品和物资，我无法告诉您，这一切对我们的帮助有多大。"在上海解放前夕，仓库里尚存有待运到解放区的 300 吨救济物资，都在宋的帮助下运送出去。

宋庆龄在文章中也曾说："中国福利会是在一个时代里诞生，而在另一个时代里成长。我们在半封建半殖民地的旧中国垂死的痛苦中开始了工作，并曾用我们绵薄的微力来加速它的崩溃，我们看见了新的社会主义中国的诞生和它初期的生长，并用我们的全力参加了它的建设。"

# 周总理亲自关心为宋庆龄治疗手腕骨折

宋庆龄随着年龄增加，身体越来越差。关节炎、高血压，特别是患了荨麻疹后，一直未治好，一紧张就发病。她曾把裤脚管拉起来让我看，她的小腿皮肤上都是小红点，犹如小孩出的麻疹。全身发痒，无法入眠，全身擦药，才稍为减轻一些，不发病精神还很好。

一天我接到宋庆龄的电话，要我去她家，我以为可能对工作有什么指示或者有新的打算，不料是为了手伤问题。原来一个月前，她不小心身体向左倾斜摔倒，因怕整个身体倒下去，用左手在地上撑一下，造成骨折。经“二医大”专家接骨，虽然骨接好了，但手无力，手腕骨突出，只好再请原来的接骨医生来看。医生说：“你如果要漂亮，可以将突出的骨头锯掉。”宋庆龄说：“我主要是手无力，拿不起茶杯，不是要什么漂亮。”结果医生也没有办法。

宋庆龄不满地对我说：“你看气人不气人，说我要漂亮，可以将手腕骨突出部分锯掉，这个人怎么会讲出这样的话来？”接着她又说：“我因为手的问题，希望接骨专家陈中伟能给我会诊一下。为此事找到专管干部保健工作的一位华东医院女副院长，希望她能帮助我请一下陈中伟医生。不料这位院长对我说：‘此人社会关系复杂，不合适给首长看病。’当时我未作声，你看，我能讲什么呢？我想想这个人很可笑，我的社会关系不是更为复杂了吗？”我对宋主席说：“你手骨折，我们一点也不知道。”她说：“我未对任何人说，怕惊动大家不好。”

宋主席对我讲了这件事，虽然她没有说要我去想办法，请陈中伟医生会诊，但我想既然知道了，还是应该想办法满足她的要求。我设法找到市委统战部长陈同生。陈同生在地下工作时期叫陈农菲，以记者名义进行情报工作，又曾在赤色互济会工作过，我们彼此熟悉。我听说他住院了，直接到华东医院去看他。当时恰巧市委秘书长在坐，他是来探望陈同生的。我看到市委秘书长在，可能更为容易解决问题。我向陈同生汇报了宋主席的手伤情况，还未讲到一半，就被秘书长打断。他说：“宋庆龄的医疗保健是由华东医院负责的，不要你来管，你只要做你自己的工作就可以了。”我看他的脸色那么严肃，不容我多说，只好走了。

后来我碰到陈同生，他很诚恳地劝我离开中国福利会。他说："你最好想办法调离中国福利会，外面风言风语太多，明明是宋庆龄的意见，却有人说是你出的点子，你夹在中间，有得苦啦！所以找机会就脱身。"陈同生说的话是对的，我已经遇到了。中国福利会的美国顾问谭宁邦写信给中央电影局局长司徒慧敏，要求饰演白求恩医生，宋庆龄在北京听到这个消息，她写信给我，不同意谭宁邦演白求恩医生，她认为他不够格。因此，电影厂来借调谭宁邦时，我根据宋主席的指示，未予同意。

上海电影厂向市委宣传部汇报了（宣传部是中国福利会的领导），认为我在阻挠。宣传部内对我议论纷纷，却未找我问问情况。后来还是宣传部石西民部长的爱人吴伟碰到我时说："李云，你怎么搞的，谭宁邦拍白求恩电影是北京中央电影局批准的，你为什么要加以阻挠？"我说："谭宁邦拍电影与我毫无关系，我为什么要阻挠呢？因为宋庆龄从北京来信不同意谭拍白求恩电影，我是执行她的指示。"吴伟说："那你快把信拿出来给宣传部看。"我把信给石西民部长看了。他对我说："白求恩电影是中央电影局批准的，谭宁邦演白求恩也是他们批准的。宋那里你去做做工作，让她能同意谭去拍电影。"经过做工作，宋主席勉强同意了，但要我通知电影厂，谭宁邦拍电影时不能同时拿两边的工资，如拿中国福利会的工资，电影厂不要再发工资给他，如电影厂给他工资，中国福利会就停发工资。这件事，就这样解决了。

另外又发生一件事，儿童艺术剧院创作的《小足球队》在北京演出，获得了中央文化部的创作奖和演出奖。当时我在北京，陪同周总理和邓大姐观看了此剧。周总理还请了李先念等国家领导人一起来观摩。演出之后，周总理说："你们选择了一个很重要的主题，解决得也很好。"他还风趣地讲："你们戏里有个'爷叔'，南方人知道是叔叔的意思，北方人就难懂了。"宋主席得知《小足球队》获奖，周总理看了戏并加以肯定后，非常高兴，除了写信给儿童艺术剧院加以鼓励，并且决定要看《小足球队》。

1964 年 5 月 10 日，宋庆龄在上海观看儿童艺术剧院演出的《小足球队》，事先她关照我："你不要通知市里的领导，我要悄悄地和小朋友一起观看《小足球队》。”但作为党员，我不能不向上级宣传部汇报，再三说明宋庆龄要求悄悄地看，不要通知市里的领导。当天，我陪同宋庆龄坐在小朋友中间席位上，想不到石西民竟来了。儿童艺术剧院领导马上将他安排在我的座位旁边，我不得不起立招呼他，悄悄地告诉宋主席，他是宣传部部长。不料她并不睬石西民。一直到《小足球队》演出结束，我陪她离开座位向舞台方向走去，警卫员拿花给我，她不睬石部长，我也不敢去招呼他一起上舞台。等到在舞台上宋主席与演员一起摄影完后，走下来时，对我说："走。"我只能陪着她走了。

到了宋家，喝了李燕娥送来的茶，宋庆龄一言不发，我知道她不高兴了，认为我没有按照她的意见办事，请来了宣传部长。

而部长认为我对他太不尊敬，也不招呼他，后来为此，我受到中国福利会党总支批判，认为是"以宋压党"。

两边都对我有意见，我也感到十分为难与苦闷，我也知道宣传部一些同志对中国福利会和我有一定的看法。宣传部机关党委副书记曾向我宣布：中国福利会定为处级单位。我感到奇怪，我在商品检验局是局级干部。检验单上我的名字放在局长前面，因为我是军代表，现在成为处级干部。当

1964年，石西民（二排右二）、李云（二排右三）陪同宋庆龄（二排右四）观看《小足球队》

然都是革命工作，我也无所谓了，我从未对任何人谈及。后来听说，我调走后，中国福利会成为局级单位。

我未能帮助宋主席请到陈中伟医生，为她治疗手伤，但是事情非常凑巧。据宋主席后来告诉我说，周总理来上海，去看她时，她将手伤的事告诉了总理，周总理马上通知中央卫生部领导来上海，坐镇为宋主席的手伤进行会诊和治疗。

党中央、毛主席得悉宋庆龄摔伤，立即为宋庆龄在北京和上海的住房内全部铺上地毯，作为毛主席送的礼物。后来宋庆龄好多次摔跤，但未造成严重后果。

过一段时间，一次宋主席对我说："我的关节炎很重，可能年轻时穿旗袍的缘故。华东医院未能解决我的病痛。听说天津有位推拿专家叫李墨林医生，我很想请他来给我治疗，你是否与卫生局联系，他们能否请李墨林来。"我说："好的。"我回家后再三考虑，此事难办，弄不好，再吃批评，涉及组织性问题，如果将周总理的指示拿出来，又会说以势压人，想来想去，还是打电话给齐燕铭，求他帮助。想不到只有两三天时间，李墨林医生便到达上海，由卫生局接待，安排给宋主席治病，卫生局还利用治病空隙，请李医生讲课。

## 周总理在北京为宋庆龄建造住房

最初宋庆龄去北京时住在方巾巷 44 号，是一幢小巧精致的洋房。1958 年北京要建造新火车站，马路要拓宽，方巾巷却在马路中间，非拆不可。虽然当时宋主席在北京住的时间不长，主要还是住在上海。北京气候干燥，她的手、皮肤往往会开裂。但是北京还是要为她准备住处。周总理想到前清醇亲王（即溥仪的父亲）王府在后海北河沿，环境幽静。经查中央卫生部在那里办公。周总理决定将醇亲王的花园划出来，共占地 26 亩，为宋庆龄造一幢住房。请建筑大师梁思成设计，1960 年完工，就是现在的北河沿 46 号。在新房造好后，周总理准备去机场接宋庆龄移至新屋。他首先对整个房屋与花园察看一遍，将宋庆龄接来后，亲自陪同宋主席从楼上到楼下观看一遍。宋庆龄认为房子太大了。总理告诉她，经常接待外宾，会客室大些是需要的。接着又陪她看了看花园。这座古老的花园，有山有水，假

北京后海北河沿46号的宋庆龄故居

山石刻有“穿云”“岁岁平安”等，建筑有扇亭、听鹂轩、畅襟斋，小山顶上有听雨楼，南湖建有长廊，各种树木花卉，郁郁葱葱，阵阵清香迎风而来。宋主席看了很满意，向周总理道谢。

不久，宋主席有事要我去北京，齐燕铭给我安排在新侨饭店住下，我去宋家，在小会客厅里谈工作，结束后，我看到房子很好，赞美了一番。宋庆龄说这里房子好，花园好，最大的缺点，就是关门的声音太大，有时把她吓了一跳。

我在宋家吃了饭，马上打电话给齐燕铭，他笑着说：“这件事极容易解决的，只要在门边贴上橡皮，就没有声音了。”他说：“我马上派人去，不仅把门边贴上橡皮，而且把桌子和椅子脚上贴上橡皮，这样都可以没有声音了。”结果不到两小时全部解决好。宋主席非常欣赏齐燕铭的工作效率。

# 周总理周密安排中国福利会成立 25 周年庆祝活动

1963 年 6 月 14 日中国福利会成立 25 周年，原来宋庆龄并不准备搞庆祝活动，只要《中国建设》杂志出版一本中国福利会的画册随杂志附送。但是周恩来总理考虑得很周到。6 月 14 日的当天，用保卫儿童全国委员会名义在宋家举行一次宴会，费用由国务院支出，具体由齐燕铭负责。大约是在6月上旬，北京把我召去。我刚到达北京，齐燕铭马上把我邀到他的办公室，传达了周总理的意见：除了在北京举行一次家庭宴会，在上海要举行纪念活动，地点可在少年宫，请金仲华主持，市委负责同志讲话，具体的由我去安排。给我传达完了，他马上打电话给童小鹏，请他来，简单谈了谈情况。童小鹏事前一点也不知情，我们两人由齐燕铭带领直冲到廖承志家去。这时正值吃午餐时间，事前未通知廖承志，我们不客气地跑去吃饭了。给我印象最深的是小

1963年，党和国家领导人周恩来、邓颖超、宋庆龄、陈毅、聂荣臻、廖梦醒（照片左半部自右至左），何香凝、朱德、董必武、傅连暲、康克清（照片右半部自左至右）祝贺中国福利会成立25周年。

排煮藕汤，颜色带红色的。吃好饭，就在饭桌旁商量起宴会的菜单、请人的名单、上菜的路线等等。中国建设杂志社听说我在北京，马上派车来接我去，审查画册，主要是封面，原来定的是宋主席牵着孩子的手在走路，因摄影光线关系，半边脸是黑的，印刷出来效果不好。中建社将这张照片改为小孩在滑梯上游嬉，我看阅后，感到改得很好。同意了他们的意见。我当天就赶回了上海。

周总理做统战工作是非常细致的。这次活动宋主席高兴异常，感谢党和政府对她的尊敬和关怀。

# 宋庆龄谈孙中山先生

宋庆龄对孙中山先生十分尊敬，怀有深厚的感情。她一直称他孙先生，从未听到叫名字，她自称是孙先生的学生。

她常提到孙先生为国为民艰苦奋斗的精神，还说他如活到现在一定是个社会主义者。

她说，他是医生，很知道营养，买便宜的菜蔬，却可以得到较高的营养价值。

“我的中文不行的，得到孙先生的帮助，有了提高。”

“先生过去甚至饭也吃不饱，没有空闲时间吃饭，影响身体健康。”

“我尊敬先生，敬爱他的爱国爱民的伟大心胸，在这点上他与我的思想是相吻合的。正是在这个基础上我们结婚的。当时我的父母都反对，父亲认为年龄相差太多，母亲因为孙先生自己生活很困难，一直过着颠沛流离的生活，怕我吃苦。我母亲最爱我，她为此流泪了。”

“孙先生逝世于北京铁狮子胡同，这对我的打击太大了。我伤心极了，那段时间里，我连阳光也不愿见，把窗帘全部放下，以后凡是孙先生逝世日或他的生日，我默默地在家中悼念他，太伤心，引起我许多回忆。我不愿在这个日子里外出或接待任何人。”

“孙先生死得太早，没有完成他伟大的抱负。我要完成他的遗志，这是我应尽的责任。”

“孙先生逝世后，国民党右派背叛孙先生的三大政策，我必须继续高举孙先生的三大政策与他们斗争。我在莫斯科一方面是完成孙先生的遗愿，向苏联人民和政府表

宋庆龄北京住所的客厅中，悬挂着孙中山的遗像

示感谢，感谢他们支持中国革命；另一方面，我将国内的形势变化告诉他们。我去莫斯科是由陈友仁和他两个女儿陪同。由于我坚持革命立场，反对这些反动分子、冒牌的领袖们，他们为了要封住我的嘴巴，采取极为恶劣的手法来污蔑我，给我涂黑。在中国和外国报纸上登载我和陈友仁结婚、后来甚至说我的肚子大了不敢回国等假新闻。母亲连续给我来信，她一面写信一面哭，我从信纸上可以看出来字都被泪水洇化了①。她要我赶快回去。这些人无耻极了，他们造谣攻击我，但我一身清白，他们无法攻倒我的革命精神和革命毅力。”谈到这些事时宋主席脸上显出生气的神色。

以上是我综合宋主席的几次谈话内容。

① 宋庆龄的母亲倪珪贞逝世于1931年7月，生前住于西摩路（现陕西北路）369号。此房屋虽交给宋庆龄，但她不愿去整理母亲的遗物，怕触景生情。后来家具原封不动地放在那里，其余遗物全部集中在这幢房子的假三层里。一直到解放后大约1952年与1953年之间，进行大修时，方才把东西全部由何元光搬到宋庆龄的住处。衣服等分送给他人，较为贵重的留下，放在盒子里的各种相片，她未去检查，一直由李燕娥保管。宋庆龄逝世后。这些相片才被拿出来，其中有蒋介石与宋美龄结婚的相片及与倪珪贞等人合影等。

## 关于她的用人李燕娥的情况

一次宋庆龄正在和我谈论一些事情，这时李燕娥送来自制的西点。宋主席对我说："你看李妈一摇一摆地走路。"我仔细看她确是走起路来摇摇摆摆的。当李妈放好点心走出门后，宋主席即向我叙述了她的身世："李妈是广东中山人，船民出身，她从小在船上长大的，16 岁由父母许配给一个打工的（在汉口一家饭店，专门送饭菜的）。丈夫好喝酒，酒后就打人，所以结婚后没有多久，李妈就出来帮佣。1931 年 8 月，我从德国回来，因为母亲去世了，过了几个月是一位朋友将李妈介绍给我的。当时她还很年轻，二十出头一点。刚在我这里工作了几个月，她的丈夫就找来了，吵着要钱，以后不断地来，钱不给时就大吵大闹，甚至动手，李妈非常痛苦。我对她说：'你这样的丈夫怎么能白头到老呢？'她说，她很痛苦，就是无人帮助她办离婚手续。正巧，廖夫人介绍她过去的秘书黎沛华来，帮助我处理一些中文信件。我就请黎沛华给她办了离婚手续，李妈自己拿出一些钱，我也帮助她一些，总算了结。所以李妈与黎沛华很好，一直感谢她。离婚后的李妈，精神好多了。她对我说：'这件事是她一生的耻辱。不愿再结婚了，永远跟着夫人。'"宋主席对我说："你要注意，李妈这段婚姻不愿对任何人谈的，她感到耻辱，你以后绝对不要问她。"

宋庆龄与李燕娥在上海寓所

大约是 1953 年，沈粹缜来看宋主席，她看到李燕娥，不叫李妈而叫李姐，宋主席对我说："沈大姐不叫李妈而叫李姐，我不得不也叫李姐，长时间叫惯李妈，现在要改过来，你下次来时，也要叫李姐。"

1980 年冬我在华东医院碰到李燕娥，她看到我时，很高兴，问我好吗？我说很好。她说她患了子宫炎（其实是癌症已到晚期）。发病之后，她不肯医治。经宋庆龄多次劝说，她才勉强住进北京医院，由林巧稚大夫亲自主持手术。手术很成功。出院以后，李燕娥很记挂上海家中情况，要求回上海，宋庆龄就请周和康（宋宅的管理员）陪同她在上海继续治疗。

李燕娥突然问我："夫人说过：我们两人死后，葬在一起。我放在夫人旁边，夫人放在她父母身旁。李先生，夫人会不会忘记？"我对李燕娥说："你放心，宋主席不会忘记的，她对我也说过：父母安葬在万国公墓，他们旁边共有六个穴位，希望我们姊妹兄弟安葬在一起陪着父母。宋主席说：现在看来只有她一个人可以陪着父母了。你长期陪着宋主席，死后你也会陪着她。"

没有想到，讲了这些话后，仅仅几个月，1981 年 2 月 5 日，李燕娥于北京逝世。2 月 13 日，宋庆龄专门写信给当时的警卫秘书杜述周，交代李燕娥的安葬问题。她说："我一直答应李姐的骨灰埋葬在我父母坟的边头，要

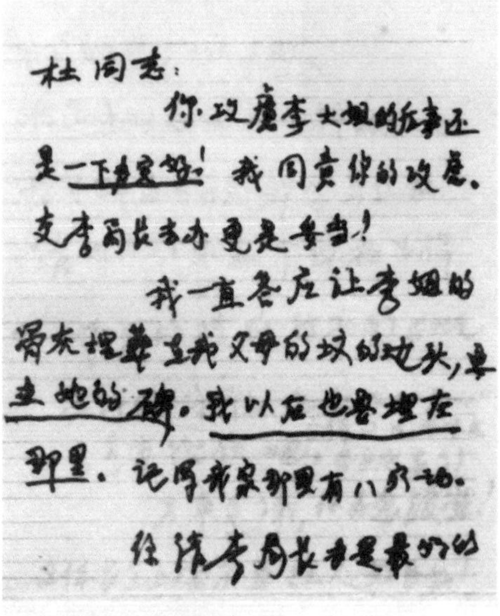

杜同志：

你改变李大姐的后事还是一下决定好！我同意你的改变。交李局长去办更是妥当！

我一直答应让李姐的骨灰埋葬在我父母的坟的边头，要立她的碑。我以后也要埋在那里。记得我家那里有八穴的。

你请李局长办是最好的

宋庆龄关于李燕娥葬仪的指示手迹

宋庆龄为李燕娥立的石碑

立她的碑。我以后也要埋在那里，记得我家在那里有八个穴位。”宋在最后两句下面，还画上横线。

一个月后，邹韬奋夫人沈粹缜带着宋氏墓地的尺寸图纸从上海到北京，给宋庆龄看。她说，李姐的骨灰葬在左边，右边平行的墓穴留给宋自己。两座墓，两块墓碑完全一样。因为是晚辈，她俩的墓穴比父母的低一些。病床上的宋庆龄看后当即在图纸上写下“同意”二字。4 月 2 日李燕娥骨灰安葬于上海万国公墓宋氏墓地，即现在的宋园。宋庆龄实现了她的承诺。

# 徐悲鸿赠画

1958 年正逢中国福利会成立 20 周年，上海举行庆祝大会，周恩来、邓颖超赠送花篮。周总理还为《中国福利会二十年》题写书名，宋庆龄非常高兴，在大会上发表了《永远和党在一起》的讲话。这段时期她身体也比较好。一天，她送给我一张照片，并在背面亲笔写上："李云同志留念"，还签了名。我一看，这是她在上海寓所客厅前照的相片，背景是一幅徐悲鸿画的奔马。接着她就讲给我听关于徐悲鸿送画的趣事。

1945年徐悲鸿赠宋庆龄的《双马垂柳图》（现藏上海宋庆龄故居纪念馆）

抗日战争胜利后不久，那时宋庆龄还在重庆，著名画家徐悲鸿来看望她时，带来一幅画。打开一看是几匹奔马挤在一起，只见都是马屁股。宋庆龄笑着说："徐先生，怎么马屁股对着我啊？"徐悲鸿也笑了，马上说："过几天我再画一张送给你。"不久，徐悲鸿又重新画了一幅奔腾的马送来，宋庆龄很高兴。

我仔细端详这张照片，宋庆龄身后的那幅画，奔马昂首向前，是徐悲鸿重新画的那幅。由此可见，徐悲鸿对宋庆龄十分尊重，而宋庆龄对艺术家的作品也是极其珍视的。

回想起来，宋庆龄的思想品格，历来受到进步艺术家的尊敬和爱戴。早在香港建立保卫中国同盟时期，为了募集款项支援八路军、新四军，宋庆龄曾举办歌舞晚会和义演，刚从英国留学归来的青年舞蹈家戴爱莲、男低音歌唱家斯义桂以及著名话剧演员金山、王莹都积极参加义务演出。宋庆龄还专门去参观反映抗战的美术展览，和青年画家丁聪、陈烟桥合影。

1959年3月7日，宋庆龄送此照片给李云作纪念

抗战胜利后，中国福利基金会曾多次举行义演、义卖以及游园会等活动，由于宋庆龄的崇高威望，梅兰芳、程砚秋、马连良等都不计报酬参加演出。田汉、洪深、熊佛西、欧阳予倩、周信芳等都捐赠物品参加义卖。赵丹、白杨、舒绣文、秦怡、上官云珠、黄宗英、石挥、金焰、言慧珠、袁雪芬等都来参加服务或登台表演。他们都全力以赴地支持宋庆龄的工作和事业。解放以前，除宋庆龄以外，没有第二个人能做到这点。

# 重视保密

宋庆龄长期坚持地下工作，一直非常注意保密。她与孙中山先生在一起时，就建立了很强的保密观念。孙中山逝世后，她与国民党反动派的斗争时起时伏，抗日战争和解放战争时期，更是环境险恶，她运用各种办法开展多种形式的斗争。她既不惧怕敌人的迫害，也十分注意个人的安全。凡涉及革命机密，她决不泄露。往来的秘密信件，阅后即予销毁。在革命斗争中养成的习惯，在解放后也没有改变。

解放初期，宋庆龄原先不愿去北京，她说："北京是我伤心之地。"这是指1925年孙中山先生在北京铁狮子胡同病逝，留下的刻骨铭心的悲痛。后来，她从大局出发去了北京。最初她是开会去的，以后她先后担任国家副主席和全国人大副委员长，公务繁忙，居住在北京的时间就比较多了。1965年后就长住北京了。

她说："在北京有一点非常方便，就是中央文件可以及时看到。我看好文件总是马上锁起来，以防遗失。到新的文件再送来时，交还他们。我从不把文件随便放在桌子上。"

宋庆龄对廖承志是十分熟悉和信任的。有一次她和我讲："承志来看我，我准备有些话要和他谈谈，不料他总是带着妻子来，我就不愿意讲了。"她还说："有些事我不愿意在经普椿面前谈。但我又不好对承志讲，你以后不要带老婆来。"

宋庆龄对廖承志的姐姐廖梦醒也是十分关心的。她在宋庆龄身边工作很长时间，宋庆龄对她评价是很高的："那年你从香港回上海后，阿醒接替你的工作，一直干到解放前夕——1948年，差不多有十年多时间。她做了许多工作，但她最大的缺点，做一件事喜欢哇啦哇啦地讲。我和她相反，不愿多讲。我们做一点工作，只要有利于国家，有利于人民，没有必要多讲。"

宋庆龄做了很多工作，但她不愿讲。因此她逝世后，为她写传记的同志，许多事情知之不多，无从下手，遇到极其困难的局面。

# 宋庆龄的秘书

宋庆龄于1907年赴美留学，那时她还不到15岁。1913年获美国威斯里安学院文学士学位。当年8月28日抵达日本横滨去她父母姐姐处。不久她姐姐宋霭龄因与孔祥熙结婚，她接替姐姐工作，担任孙中山先生的英文秘书，帮助处理英文的来往信件与文件等。与孙中山结婚后，凡是中文信件与文稿、文件等均由孙先生自己处理，有关英文方面的一切来往信件和文件、文章都由她处理，包括起草、书写、修改等等。

宋庆龄曾对我说，自己中文基础差，在国内正规学校只念过两三年书，在国外读了五六年书，后来工作都是用英文书写，所以写文章、写信、看报、看书用英文要比中文方便。中文有了些进步，但写文章还是要用英文。写信，如果对方懂英文，她还会愿意写英文，这样方便些。如对方不懂英文，就写中文，但要熟人，而且是简短的。如果长信或者写复杂一些事情，她口述由秘书写中文，她签名。[①] 这些情况廖夫人很了解。所以宋庆龄于1931年夏因母亲病逝回国，1932年4月何香凝将她的秘书黎沛华女士介绍给宋庆龄，帮助她处理中文信件等事务。1937年10月宋庆龄准备接受党中央毛泽东与周恩来的建议离沪去香港时，黎沛华离开了。解放后她又回到宋庆龄身边工作，一直到1962年因病要求退休。

宋庆龄用过的英文打字机

当时我已到中国福利会工作，宋庆龄向我提出要物色一位秘书接替黎沛华的工作。条件是：第一，要求是女同志；第二，要求中文通顺，英文信件等她自己处理。我向她推荐了中国福利会行政科长张珏，她是沪江大学毕业的，中英文都不错。当时她已与丈夫离婚，

① 在兄弟姊妹中唯有她的口音最重，她的弟弟都是在国内读大学，然后出国留学。小妹从美国回来后，就请老师专教中文，好多年，所以能讲普通话，中文和古典文学的基础也好。

没有孩子拖累，随宋庆龄去北京也很方便。大约一年后，因张珏的父亲、著名文史专家、浙江省图书馆馆长张宗祥年迈体衰，由浙江省统战部出面，调张珏到杭州工作，以便照料父亲。没办法，就另派一位女同志去北京。不料此人在“文革”中竟起来“造反”，只得将她赶快调回上海。1967 年，宋庆龄得悉张珏的父亲已经去世，于是再把张珏从浙江调来。从此张珏一直陪在宋庆龄的身边，直到宋庆龄去世，前后在她身边工作了 15 年。

宋庆龄一生用的都是女秘书，她说，女秘书其实也是一个伴，不论外出，不论在家，一起吃饭都较方便。

# 不忘故旧

宋主席对人非常有感情，凡是在她那里工作过的人，她都记得。有人有困难，她寄钱给他们。例如王昌龄老人在宋家工作过，后来将他介绍到儿童艺术剧院工作，宋庆龄还常想到他。退休后，他家境困难，宋主席知道后寄钱寄衣服给他。黎沛华有困难，她不仅给钱，还把她父亲的貂皮长袍也送给黎沛华。不忘故旧，是宋主席的老传统，我们也一直注意贯彻这种精神。

“文革”一场大风暴，造反派纷纷起来，领导干部全部靠边，造成中国福利会工作陷于停顿状态。作为头号“走资派”的我和领导层干部被轮番批斗，被殴打。儿童艺术剧院的造反派甚至将一名摄影人员活活打死，一名演奏员被迫自杀。我们这些所谓“走资派”批斗一次，挨打一次。有一次我被打得小便失禁，儿童艺术剧院一位年轻的女同志看不下去，叫了一辆三轮车送我回家去。这些打手，并非儿童艺术剧院的基本群众，都是他们从北方招来的所谓“十大汉”的男演员。粉碎“四人帮”后，中国福利会领导干部中离心思想严重，因为实在工作不下去了，办公室主任调到市政府外事办公室，人事处长调社科院，业务处长故世。我也想调换一个环境。经过齐燕铭的帮助，1978 年调到上海市政协工作。虽然我离开了中国福利会，但每逢新年前我还会像过去一样收到宋主席的贺年卡。

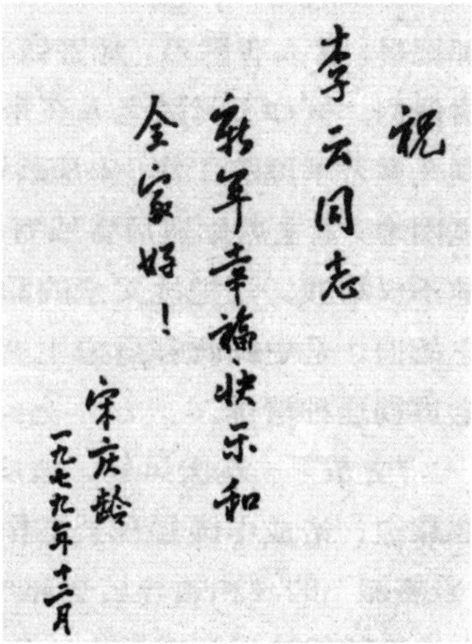

宋庆龄1979年12月致李云的贺年卡

上海市政协文史办准备出一本纪念辛亥革命 70 周年的纪念册，接连去了两份公函，要求宋庆龄写纪念册的封面，都被退回：“有病不能写。”他们来和我商量，希望我能帮忙。当时我不了解宋主席的病情，我表示只能试一试，给宋主席写了一封信，请求她方便时写“辛亥革命七十周年”作为纪念册的封面。几天后，她要秘书写信来问："直写还是横写？”当我问文史办后再写信给她："请直写。”终于她亲笔写来“辛亥革命七十周年”，并具了名。这时，距离她逝世不到三个月。后来得知，当时她患白血病，还有热度，是抱病而写的。这是她为纪念过去为革命而牺牲的同志，不顾自己的病体，充分表现她一贯的革命精神。

# 对毛泽东、周恩来、朱德逝世悲痛不已

1976 年是灾难之年，接连着新中国失去了三位革命领导人和人民共和国的缔造者——1 月份周恩来总理、7 月份朱德总司令、9 月份是毛泽东主席。

宋庆龄对这三位领导人去世难以遏止地悲痛。她深知三位领导人的去世，是何等巨大的损失。

周恩来逝世不久，宋主席给爱泼斯坦的信中说："我必须回上海住些日子，因为那里有急事要我处理，且不说迫切需要从我们最近遭受的震惊和痛苦中解脱出来……" 当年她不能写悼念的文章，第二年她写了《怀念周恩来总理》。

朱总司令逝世后，她两次题词，表达对朱德的深切怀念："永远怀念朱德委员长"，"朱委员长是杰出的战略家，是毛主席的好助手"。

毛主席逝世时，宋主席在上海，接到北京长途电话，她流泪了，抱病赶赴北京，参加守灵，由医务人员两边扶着走的。1978 年毛主席诞辰 85 周年纪念时，她写了《追念毛主席》一文，"……他是一位目光远大，举世无双的领袖和导师。他是伟大事业的引路人，而朱总司令和周总理是伟大事业的得力助手。"

1979 年 9 月为纪念中华人民共和国成立 30 周年，她写了《人民的意志是不可战胜的》的纪念文章，她在文章中指出："粉碎四人帮的伟大胜利，赋予我们的十月以新的意义。……标志着中国革命又经历了一次转危为安的历史性转折……" 她总结新中国成立三十年的历史时说："在中国共产党领导下，走过了一条伟大的道路，一条闪耀着社会主义光辉的道路。九亿人民（当时对中国总人口数的估计）坚定不移地选择了这条光明大道。虽然这条道路也是艰难曲折的。但是，一切野心家、阴谋家都没有能够，也不可能战胜九亿人民的坚强意志。而且这些野心家、阴谋家没有一个不是在人民的钢铁意志面前碰得头破血流。过去是这样，今后仍将是这样。我坚信，人民的意志是不可战胜的。" 她祝愿："我国伟大的人民，在马克思列宁主义、毛泽东思想指引下，不断加强团结，走向更加光辉的前程。"

这里可以看出，宋主席对祖国、对人民在社会主义道路上前进的信心，对中国共产党领导的信心，仍像半个世纪以来一样，丝毫没有减弱。

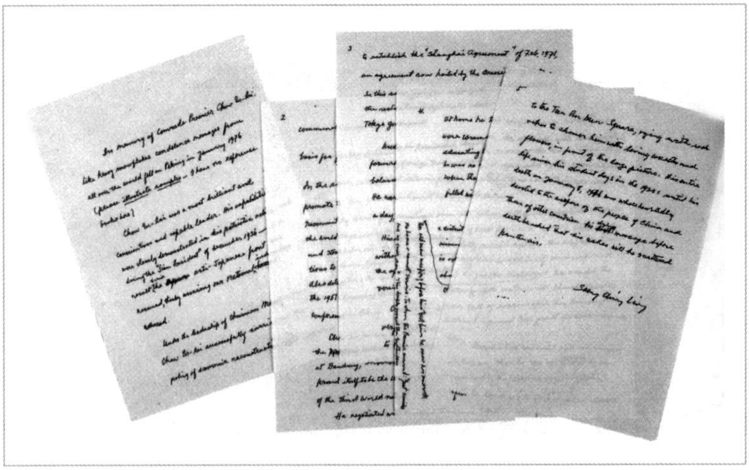

宋庆龄著《怀念周恩来总理》英文原稿

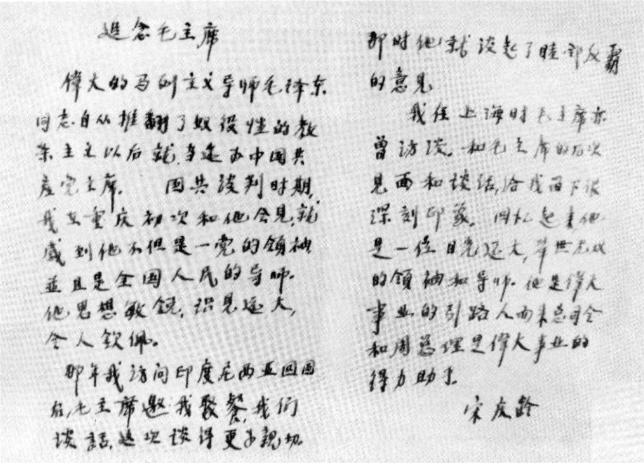

追念毛主席

伟大的马列主义导师毛泽东同志，自从推翻了奴役性的教条主义以后，就当选为中国共产党主席。国共谈判时期，我在重庆初次和他会见，就感到他不但是一党的领袖，并且是全国人民的导师。他思想敏锐，识见远大，令人钦佩。

那年我访问印度尼西亚回国后，毛主席邀我聚餐，我们谈话，这次谈得更为亲切，那时他就谈起了睦邻友好的意见。

我在上海时，毛主席亦曾访候。和毛主席的历次见面和谈话，给我留下很深刻印象。因此我认为他是一位目光远大，举世无双的领袖和导师。他是伟大事业的引路人，而朱总司令和周总理是伟大事业的得力助手。

宋庆龄

1978年宋庆龄写的《追念毛主席》一文

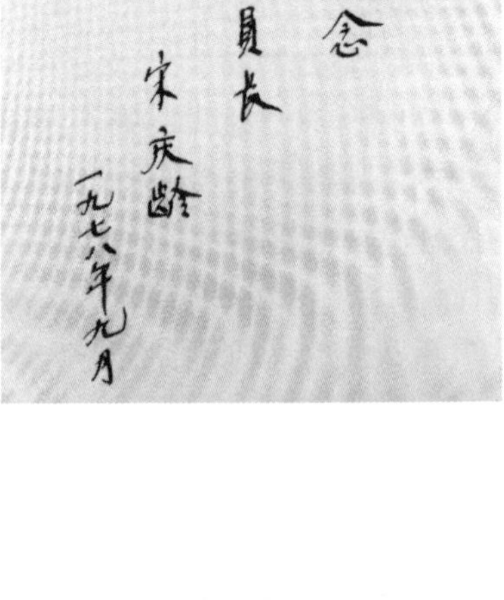


1978年宋庆龄写的怀念朱德的题词

# 光荣入党

1981 年 5 月 15 日，全国人大常委会以第一号通报形式，向全国人民发出了全国人大副委员长宋庆龄病情恶化、处于病危的通知。14 日晚，宋庆龄病情恶化，高烧达 40.2℃。

第二天早晨，宋庆龄体温下降，神志清醒，她再一次、也是最后一次向党中央提出入党要求。

当天下午，中共中央政治局根据宋庆龄同志的请求，决定接受她为中共正式党员，决定全文如下：

宋庆龄同志年轻时追随伟大的革命先行者孙中山先生，致力于中国革命事业，从 1923 年第一次国共合作以来，忠贞不渝地坚持孙中山先生的新三民主义，在中国长期革命的艰难困苦的斗争中，坚定地和中国共产党站在一起。她一贯是共产党的最亲密战友，是中国各族人民包括台湾同胞和海外侨胞衷心敬爱的领袖之一，是爱国主义、民主主义、国际主义和共产主义的伟大战士，是保卫世界和平事业的久经考验的前驱，是全体中国少年儿童慈爱的祖母。她过去多次要求加入中国共产党，最近病重时又一次提出这个要求。中央政治局一致决定，接受宋庆龄同志为中国共产党正式党员。

廖承志得知消息后，专程赶到后海北河沿 46 号，向昏迷中的宋庆龄报告喜讯。宋庆龄竟然清醒过来，用微弱的声音向廖承志表示感谢。

宋庆龄在病重期间，光荣地参加了中国共产党，她一生的夙愿终于实现了。

宋氏墓地全景。宋庆龄父母墓居中，其东侧为宋庆龄墓，西侧为李燕娥墓

# 也谈宋庆龄出生地及其他

近年来，关于宋庆龄的传记和资料不断出版，其中有关她的出生地，有的说在上海市区，有的说是在川沙。

我在解放前与宋庆龄同志虽有过几年接触，但因当时环境，对她的身世问题谈得不多。解放后，特别是1952年我调中国福利会工作以后，前后有二十六七年在她身边工作，接触时间长了，谈的也多了。我在中国福利会工作期间，看过她填写的表格，在“籍贯”栏里，填的是上海市。我曾问过她为什么不填“海南文昌县”？她说：“海南文昌县，是我的祖籍，我出生在上海，所以我填‘上海市’。”以前川沙县曾划归过江苏，所以宋庆龄说她出生在上海，想来应该是指川沙以外的地方。

另外，有关宋庆龄的母亲祖籍是浙江余姚人，为什么有浦东口音。我从未问过宋庆龄。最近看一本《宋氏家族》，作者为美国人埃米莉·哈恩。由于作者与宋家三姊妹的友谊，提供了宝贵的史料。书中讲：“宋的外祖父倪蕴山（译音）因工作之故来到川沙。他在那里安家落户……”这解决了我多年的疑问。

少年时代的宋庆龄和她的母亲倪桂珍

记得1958年中国福利会筹备庆祝成立20周年时，她要在庆祝大会上讲话。可她平时说的一口上海话，普通话说不好，想学讲普通话，她让我找位女同志去教她。我请了中国福利会资料科的贺恩慈，她是清华大学毕业的，讲的一口标准的普通话。

贺恩慈大约去教了十多天后，回来对我说："宋主席说的一口本地话（俗称浦东话），她说是像她母亲的口音。宋主席还说她母亲最爱她，是她的启蒙老师。在兄弟姊妹中唯有她的口音最重，她的弟弟都是在国内读大学，然后出国留学。小妹从美国回来后，就请老师专教中文好多年，所以能讲普通话，中文和古典文学的基础也好。"

宋庆龄同志曾谈及，她父亲宋嘉树（耀如）在美国时，最初在北卡罗莱纳州，进了威明顿杜克大学圣三一学院学习神学。1882 年转学到田纳西州纳什维尔市的范德比尔特大学，半工半读念完大学。1885 年毕业后，他原拟继续学习医科，但被学校校长派回中国上海近郊任巡回传道员，月薪只有 15 美元。由于语言不通，宋嘉树传道时碰到了很大困难，因为他听不懂上海郊区的本地话，当地人也听不懂他的海南话，彼此无法交流。后来他结婚有了孩子，15 美元无法维持生活。据宋庆龄说，他父亲曾教人学英语，补贴家用，后又在虹口老家后面开了家印刷厂。她还说她父亲担任正式传道员时间不长，大约三年多。

宋庆龄的父亲在美国时就与孙中山先生相识，对孙先生提出的"中国建立共和才能强大起来"的论点非常钦佩。此后他们成为好朋友。父亲从美国回来后和孙先生一直有来往。当时孙先生是清朝政府通缉的要犯，行动没有自由，在上海总是晚上到宋家，在宋家住宿。她曾向我谈起，她从小就认识孙中山先生。他一来母亲就把孩子都带到房里去，客厅只留下父亲和孙先生。偶尔孙先生来时，父亲不在家，他会和我们孩子一起玩，说说笑笑，但这是极为难得的。宋庆龄的父亲在经济上帮助孙先生，他开办的印刷厂不仅印《圣经》，也帮孙先生印宣传革命的小册子。宋庆龄说，在绝对秘密的环境中，当年她父亲这样做，是出于爱国思想，不是为了名利。

宋庆龄曾告诉我，1913 年她从威斯里安学院毕业，获学士学位。她本想继续读书，当时孙中山先生在日本从事革命活动，正担任其英文秘书的姐姐宋霭龄因要与孔祥熙结婚，无法继续担任孙先生的英文秘书。当时父亲也在日本，但因肝病不能长时间坐在日本的矮桌上进行书写，无法帮助孙先生，所以急电要宋庆龄赴日，接替姐姐的工作。她即从美国去了日本横滨，每天由父亲陪同去孙先生处，学习秘书工作，主要是处理英文信件与文稿。宋庆龄说，因为自己的中文基础较差，所以与孙先生结婚后，他教过她学习中文，但缺少时间，收获不大，她还是用英文书写比中文方便。

# 后记

出版这本集子，是很意外的。

一年前，我在病中，中国福利会的老同志来看我，要我为“纪念宋庆龄创建中国福利会70周年”出本回忆录。当时我身体非常不好，遂由洪绳之、冯秉序两同志帮我整理。他们相当认真，不仅收集了我前几年在报纸和内刊上发表的相关文章，连我顺手写的、还未发表的文章都找来了，编辑成这么一本回忆录。

这本集子主要由两部分内容组成，一是有关宋庆龄的回忆，二是我在中央特科工作的情况。最近我又回忆了自己入党初期的活动和其他一些细节，由桂未明同志帮我作了补充。

由于之前没有出集子的准备，所以写的文章并不多，就是这些，也只是我工作的一小部分。由于年代久远，记不清的也就不写了。但写下来的都是我真实的经历和感受。无论是我早期参加中央特科，还是以后在宋庆龄身边工作，或者调任其他单位，都是党交给的任务。我都尽心尽责，把它做好。

回想往事，我内心无比激动。革命道路非常曲折，我一路过来，无怨无悔。希望这些文字能教育后人，并对从事党史研究的同志有所帮助。

李云

2008年10月22日于上海华东医院